4급 빨리따기

4급, 4급 Ⅱ 공용 4급은 ①②③④⑤과정 전 5권으로 구성되어 있습니다. **④** 과정

왜, 기탄급수한자일까요?

전국적으로 초, 중, 고 학생들에게 급수한자 열풍이 대단합니다. 2005학년도 대학수학능력시험부터 제 2외국어 영역에 한문과목이 추가되고, 한자공인급수 자격증에 대한 각종 특전이 부여됨에 따라 한자조기 교육에 가속도가 붙고 있습니다. 이러한 교육환경에서 초등학생의 한자학습에 대한 열풍은 자연스럽게 한자능력검정시험에까지 이어지고 있습니다.

이에 발맞추어 기탄교육은 국내 유일의 초등학생 전용 급수한자 학습지 「기탄급수한자 빨리따기」를 선보이게 되었습니다. 「기탄급수한자 빨리따기」는 초등학생의 수준에 딱 맞도록 구성되어 더욱 쉽고 빠르게 원하는 급수를 취득할 수 있습니다. 이제 초등학생들의 한자능력검정시험 준비는 「기탄급수한자 빨리따기」로 시작하세요. 한자학습의 목표를 정해 주어 학습성취도가 높고, 공부하는 재미를 동시에 느낄 수 있습니다.

「기탄급수한자 빨리따기」 이런 점이 좋아요.

- 두꺼운 분량의 문제집이 아닌 각 급수별로 분권하여 학습성취도가 높습니다.
- 충분한 쓰기 연습량으로 목표하는 급수 자격증을 빠르게 취득할 수 있습니다.
- 출제유형을 꼼꼼히 분석한 기출예상문제풀이로 시험대비에 효과적입니다.
- 만화, 전래동화, 수수께끼 등 다양한 학습법으로 지루하지 않게 공부합니다.

한자능력검정시험이란 무엇인가요?

 사단법인 한국어문회에서 주관하고 한국한자능력검정회가 시행하는 한자 활용능력 시험을 말합니다. 1992년 12월 9일 1회 시험이 시행되었고, 2001년 1월 1일 이후로 국가 공인자격시험(1급~3급Ⅱ)으로 치러지고 있습니다.

 한자능력검정시험은 언제, 어떻게 치르나요?

정규 시험은 공인급수 시험과 교육급수 시험을 별도로 실시합니다. (한국 한자능력검정회 홈페이지 참조 http://www.hanja.re.kr)
응시 자격은 8급~특급까지 연령, 성별, 학력 제한 없이 모든 급수에 응시할 수 있습니다.

 한자능력검정시험에는 어떤 문제가 나오나요?

급수별로 자세한 내용은 다음과 같습니다.

한자능력검정시험 출제 유형

구분	특급	특급Ⅱ	공인급수				교육급수								
			1급	2급	3급	3급Ⅱ	4급	4급Ⅱ	5급	5급Ⅱ	6급	6급Ⅱ	7급	7급Ⅱ	8급
읽기 배정 한자	5,978	4,918	3,500	2,355	1,817	1,500	1,000	750	500	400	300	225	150	100	50
쓰기 배정 한자	3,500	2,355	2,005	1,817	1,000	750	500	400	300	225	150	50	0	0	0
독음	50	50	50	45	45	45	32	35	35	35	33	32	32	22	24
훈음	32	32	32	27	27	27	22	22	23	23	22	29	30	30	24
장단음	10	10	10	5	5	5	3	0	0	0	0	0	0	0	0
반의어	10	10	10	10	10	10	3	3	3	3	3	2	2	2	0
완성형	15	15	15	10	10	10	5	5	4	4	3	2	2	2	0
부수	10	10	10	5	5	5	3	3	0	0	0	0	0	0	0
동의어	10	10	10	5	5	5	3	3	3	3	2	0	0	0	0
동음이의어	10	10	10	5	5	5	3	3	3	3	2	0	0	0	0
뜻풀이	10	10	10	5	5	5	3	3	3	3	2	2	2	2	0
필순	0	0	0	0	0	0	0	0	3	3	3	3	2	2	2
약자	3	3	3	3	3	3	3	3	3	3	0	0	0	0	0
한자 쓰기	40	40	40	30	30	30	20	20	20	20	20	10	0	0	0

※쓰기 배정 한자는 한두 급수 아래의 읽기 배정 한자이거나 그 범위 내에 있습니다.
※출제 유형표는 기본 지침 자료로서, 출제자의 의도에 따라 차이가 있을 수 있습니다.

한자능력검정시험의 급수는 어떻게 나누어지나요?

 한자능력검정시험은 공인급수와 교육급수로 나누어져 있으며,
8급에서 1급까지 배정되어 있습니다. 특급·특급Ⅱ는 민간자격급수입니다.

한자능력검정시험 급수 배정표

	급수	읽기	쓰기	수준 및 특성
교육급수	8급	50	0	한자 학습 동기 부여를 위한 급수
	7급Ⅱ	100	0	기초 상용한자 활용의 초급 단계
	7급	150	0	기초 상용한자 활용의 초급 단계
	6급Ⅱ	225	50	기초 상용한자 활용의 중급 단계
	6급	300	150	기초 상용한자 활용의 고급 단계
	5급Ⅱ	400	225	중급 상용한자 활용의 초급 단계
	5급	500	300	중급 상용한자 활용의 초급 단계
	4급Ⅱ	750	400	중급 상용한자 활용의 중급 단계
	4급	1,000	500	중급 상용한자 활용의 고급 단계
공인급수	3급Ⅱ	1,500	750	고급 상용한자 활용의 초급 단계
	3급	1,817	1,000	고급 상용한자 활용의 중급 단계
	2급	2,355	1,817	상용한자를 활용하는 것은 물론 인명지명용 기초한자 활용 단계
	1급	3,500	2,005	국한혼용 고전을 불편 없이 읽고, 연구할 수 있는 수준 초급
특급Ⅱ		4,918	2,355	국한혼용 고전을 불편 없이 읽고, 연구할 수 있는 수준 중급
특급		5,978	3,500	국한혼용 고전을 불편 없이 읽고, 연구할 수 있는 수준 고급

한자능력검정시험 합격 기준표

구분	특급·특급Ⅱ	공인급수				교육급수								
		1급	2급	3급	3급Ⅱ	4급	4급Ⅱ	5급	5급Ⅱ	6급	6급Ⅱ	7급	7급Ⅱ	8급
출제문항수	200	200	150	150	150	100	100	100	100	90	80	70	60	50
합격문항수	160	160	105	105	105	70	70	70	70	63	56	49	42	35
시험시간	100분	90분	60분			50분								

※특급·특급Ⅱ·1급은 출제 문항수의 80% 이상, 2급~8급은 70% 이상 득점하면 합격입니다.

한자능력검정시험에 합격하면 어떤 좋은 점이 있나요?

• 1급~3급Ⅱ를 취득하면 국가 공인 자격증으로서, 초·중·고등학교 생활 기록부의 자격증란에 기재되고, 4급~8급을 취득하면 세부 능력 및 특기 사항란에 기재됩니다.
• 대학 입시 수시 모집 및 특기자 전형에 지원이 가능합니다.
• 대학 입시 면접에 가산점 부여 및 졸업 인증, 학점 반영 등 혜택이 주어집니다.
• 언론사, 기업체의 입사·승진 등 인사 고과에 반영됩니다.

4급 4급Ⅱ 빨리따기 구성과 특징

4급 4급Ⅱ 한자 1000자를 ①, ②, ③, ④, ⑤과정으로 분권하여 구성하였습니다. 두꺼운 분량의 책으로 공부할 때보다 학습자의 성취감을 높여줍니다.

〈장단음〉
한자의 장단음을 표기하였습니다.
':' 는 長音 漢字표시이며 '(:)'은 長·短 두 가지로 발음되는 漢字 표시입니다.

〈자원〉
한자가 만들어진 유래를 밝혀 음훈의 기억을 돕습니다.
(자원의 해석은 여러 학설이 있습니다.)

〈그림〉
한자의 훈에 해당하는 개념을 그림으로 표현하여 쉽게 이해하도록 합니다.

〈획순〉
한자를 바르게 쓸 수 있도록 획순을 제시하였습니다.
(획순은 학자마다 약간씩 견해 차이가 있습니다.)

〈어휘〉
다른자와 결합된 단어를 학습하여 어휘력을 높이도록 하였습니다.

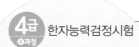

〈도입〉
4급 4급Ⅱ 신출한자를 가
나다 순으로 정리하여 그
림과 함께 소개합니다.

〈만화로 익히는 고사성어〉
고사성어를 만화로 표현하여
고사의 유래와 참뜻을 흥미
롭게 익힙니다.

〈퍼즐로 한자를〉
크로스 워드 퍼즐을 통하여 배운
한자의 어휘와 성어를 복습합니다.

〈기출 및 예상문제〉
시험에 출제되었던 문제와
예상 문제를 통하여 실력을
다집니다.

〈부록〉
상대·반의어, 유의어, 모양이
비슷한 한자 등을 정리하여 한자
학습의 폭을 넓히고 실제 시험을
대비합니다.

〈모의 한자능력 검정시험〉
실제시험 출제 유형과 똑같은
모의 한자능력검정시험 3회를
통하여 실전감각을 높일 수
있습니다.

〈답안지〉
실제시험과 똑같은 모양의 답안
작성 연습으로 실수를 줄일 수
있습니다.

假(가)　❶-10
①과정 10쪽

4급 한자능력검정시험

4과정

	依 의지할 의		義 옳을 의
	疑 의심할 의		儀 거동 의
	議 의논할 의		異 다를 이
	移 옮길 이		益 더할 익
	仁 어질 인		引 끌 인
	印 도장 인		認 알 인

✏️ 다음 한자의 훈음을 알아 보고 빈 칸에 알맞게 쓰세요.

훈 의지할　음 의

人(사람 인)이 뜻부분, 衣(옷 의)가 음부분이다. 사람은 추위를 피하기 위해서는 옷에 의지한다는데서 **'의지하다'**를 뜻한다.

훈 옳을　음 의:

무기 모양을 본뜬 我와 羊이 합해 만들어진 한자로 희생물인 양을 잡는다는 뜻에서 **'옳다, 의미'** 등으로 쓰이게 됐다.

1(人)부수 총 8획			依依依依依依依依			
依　의지할 **의**	依	依	依	依	依	依
	의지할 의					

| 어휘 : 依託(의탁)　歸依(귀의)　依支(의지)

羊부수 총 13획			義義義義義義義義義義義義			
義　옳을 **의**	義	義	義	義	義	義
	옳을 의					

| 사자성어 : 見利思義(견리사의) - 이로움을 보면 의리를 먼저 생각함.
　　　　　君臣有義(군신유의) - 임금과 신하의 도리는 의리에 있음.

📝 다음 한자의 훈음을 알아 보고 빈 칸에 알맞게 쓰세요.

훈 의심할   음 의

갈림길을 만난 사람이 어느 쪽으로 가야 할지를 몰라 망설이는 모습을 본뜬 한자로 **'의심하다'** 를 뜻한다.

훈 거동   음 의

人(사람 인)이 뜻부분, 義(옳을 의)가 음부분이다. **'모범, 거동, 본보기'** 등을 뜻한다.

疋부수 총 14획	疑 疑 疑 疑 疑 疑 疑 疑 疑 疑 疑 疑 疑 疑

疑

의심할 **의**

어휘 : 疑心(의심) 疑惑(의혹)
사자성어 : 半信半疑(반신반의) – 얼마쯤 믿으면서도 한편으로는 의심함.

イ(人)부수 총 15획	儀 儀 儀 儀 儀 儀 儀 儀 儀 儀 儀 儀 儀

儀

거동 **의**

어휘 : 儀式(의식) 儀禮(의례) 儀容(의용)

✏️ 다음 한자의 훈음을 알아 보고 빈 칸에 알맞게 쓰세요.

훈 의논할   음 의(:)

言(말씀 언)이 뜻부분, 義(옳을 의)가 음부분이다. 무엇이 옳은지를 따지기 위하여 말을 주고 받고 한다는 데서 '의논하다, 따지다' 등을 뜻한다.

훈 다를   음 이:

가면을 쓰고 두 손을 흔들며 춤을 추는 기이한 모습을 그린 것으로, '기이하다, 다르다' 등을 뜻한다.

言부수 총 20획	議議議議議議議議議議議議議議
議 의논할 의	議 議 議 議 議 議 議 의논할 의

| 어휘 : 議決(의결) 議長(의장) 議論(의논) | 유의어 : 論(논할 론) |

田부수 총 11획	異異異異異異異異異異異
異 다를 이	異 異 異 異 異 異 異 다를 이

| 어휘 : 異見(이견) 異端(이단) | 상대반의어 : 同(같을 동) |

사자성어 : 異口同聲(이구동성) – 여러 사람의 말이 한결같음.

✏️ 다음 한자의 훈음을 알아 보고 빈 칸에 알맞게 쓰세요.

移

훈 옮길   음 이

盆

훈 더할   음 익

禾(벼 화)와 多(많을 다)가 합쳐진 것으로, 많은 볏모를 옮겨 심는 것에서 **'옮기다'**를 뜻한다.

그릇(皿)에 물(水)이 흘러 넘치는 모양으로 **'더하다, 도움이 되다, 이익'** 등을 뜻한다.

禾부수 총 11획	移移移移移移移移移移移

移

옮길 이

移移移移移移移

| 어휘 : 移動(이동) 移民(이민) 移徙(이사) | 유의어 : 徙(옮길 사) |

皿부수 총 10획	盆盆盆盆盆盆盆盆盆盆

盆

더할 익

盆盆盆盆盆盆盆

| 사자성어 : 多多益善(다다익선) – 많으면 많을수록 더욱 좋음. | 상대반의어 : 損(덜 손) |
| 益者三友(익자삼우) – 사귀어 자기에게 유익함이 있는 세 가지 부류의 벗. | |

✏️ 다음 한자의 훈음을 알아 보고 빈 칸에 알맞게 쓰세요.

훈 어질   음 인

훈 끌   음 인

人(사람 인)이 음부분, 二(둘 이)가 뜻부분이다. 두 사람이 더불어 살려면 어진 마음이 필요하다는데서 **'어질다, 사랑하다'** 등을 뜻한다.

弓(활 궁)이 뜻부분, ㅣ(뚫을 곤)이 음부분이다. 활시위를 끌어당기는 모습에서 **'끌다, 늘이다'** 를 뜻한다.

亻(人)부수 총 4획						仁 仁 仁 仁
仁	仁	仁	仁	仁	仁	仁
어질 **인**						
	어질 인					

사자성어 : 殺身成仁(살신성인) – 자기 몸을 희생하여 인을 이룸.
　　　　　　仁者無敵(인자무적) – 어진 사람은 모든 사람을 사랑하므로 천하에 적대하는 사람이 없음.

弓부수 총 4획						引 引 引 引
引	引	引	引	引	引	引
끌 **인**						
	끌 인					

사자성어 : 萬有引力(만유인력) – 우주에 있는 질량을 가진 모든 물체 사이에 작용하는 인력.
　　　　　　我田引水(아전인수) – 내 논에 물대기. 즉 자기에게만 유리하게 함을 이르는 말.

✎ 다음 한자의 훈음을 알아 보고 빈 칸에 알맞게 쓰세요.

훈 도장   음 인

훈 알   음 인

卩(병부 절)은 꿇어 앉은 사람의 모습이며, 왼쪽의 것은 又(손 우)의 변형이다. **'누르다, 찍다, 도장'** 등을 뜻한다.

言(말씀 언)이 뜻부분, 忍(참을 인)이 음부분이다. 섣불리 판단하지 말고 참고 잘 들어야 한다는데서 **'알다, 허락하다'** 등을 뜻한다.

卩부수 총 6획				印印 印 印 印印		
印 도장 **인**	印	印	印	印	印	印

어휘 : 印稅(인세) 職印(직인)	모양이 비슷한 한자 : 卯(토끼 묘 : 3급)

言부수 총 14획				認認認認認認認認		
認 알 **인**	認	認	認	認	認	認

어휘 : 認可(인가) 認證(인증) 認識(인식)	유의어 : 識(알 식)

❶ 다음 漢字語의 讀音을 쓰세요.

(1) 依他心   (   )   (2) 仁德   (   )

(3) 依然   (   )   (4) 移動   (   )

(5) 質疑   (   )   (6) 義理   (   )

(7) 建議   (   )   (8) 儀式   (   )

(9) 異見   (   )   (10) 正義   (   )

(11) 移民   (   )   (12) 印章   (   )

(13) 議題   (   )   (14) 認許   (   )

(15) 疑心   (   )   (16) 認定   (   )

(17) 疑念   (   )   (18) 移住   (   )

(19) 儀禮   (   )   (20) 特異   (   )

(21) 義務   (   )   (22) 引導   (   )

(23) 權益   (   )   (24) 否認   (   )

(25) 仁善   (   )   (26) 儀節   (   )

❷ 다음 漢字의 訓과 音을 쓰세요.

(1) 印   (   )   (2) 義   (   )

(3) 異   (   )   (4) 儀   (   )

(5) 引   (   )   (6) 認   (   )

(7) 移   (   )   (8) 益   (   )

(9) 疑   (   )   (10) 依   (   )

❸ 다음 밑줄 친 漢字語를 漢字로 쓰세요.

(1) 너와 나의 의견이 <u>상이</u>하구나.
(2) 상부에 근무 조건 개선을 <u>건의</u>하였다.
(3) 그 범인은 범죄 사실을 <u>부인</u>했다.
(4) 그것은 나의 인생에 있어서 <u>유익</u>한 일이었다.

(5) 우리 선생님은 그 시인의 시구를 자주 <u>인용</u>하신다.
(6) 세월은 흘러도 산천은 <u>의구</u>하다.
(7) 성대한 <u>의식</u>을 거행하였다.
(8) <u>의심</u>나는 문제는 질문하기 바랍니다.
(9) 영화의 마지막 장면이 <u>인상</u>적이었습니다.
(10) 학생의 <u>의무</u>를 다하여라.

④ 다음 訓과 音에 맞는 漢字를 쓰세요.

(1) 알 인   (   )   (2) 옳을 의   (   )
(3) 더할 익   (   )   (4) 다를 이   (   )
(5) 끌 인   (   )   (6) 거동 의   (   )

⑤ 다음에 例示한 漢字語 중에서 앞 글자가 長音으로 發音되는 것을 골라 그 番號를 쓰세요.

(1) ① 儀法 ② 義士 ③ 特異 ④ 引用
(2) ① 遺傳 ② 受賞 ③ 異國 ④ 印章
(3) ① 疑心 ② 移動 ③ 相異 ④ 損益
(4) ① 應當 ② 認可 ③ 公認 ④ 引導

⑥ 다음 漢字와 뜻이 상대 또는 반대되는 漢字를 써서 漢字語를 만드세요.

> 例   江 – (山)

(1) 同 – (   )   (2) 損 – (   )
(3) 離 – (   )   (4) (   ) – 配

⑦ 다음 漢字와 뜻이 비슷한 漢字를 써서 漢字語를 만드세요.

> 例   河 – (川)

(1) 巨 – (   )   (2) 議 – (   )
(3) 毛 – (   )   (4) (   ) – 式

❽ 다음 漢字語의 ( ) 속에 알맞은 漢字를 쓰세요.

> 例   見(物)生心 : 실물을 보면 욕심이 생김

(1) 君臣有(   ) : 오륜의 하나. 임금과 신하 사이의 도리는 의리에 있음
(2) (   )口同聲 : 여러 사람의 말이 한결같음
(3) 多多(   )善 : 많으면 많을수록 더욱 좋음
(4) 殺身成(   ) : 자기 몸을 희생하여 인을 이룸

❾ 다음 漢字의 部首로 맞는 것을 골라 그 番號를 쓰세요.

(1) 益 - (① 八 ② 入 ③ 血 ④ 皿)
(2) 認 - (① 言 ② 忍 ③ 心 ④ 刃)
(3) 疑 - (① 匕 ② 矢 ③ 疋 ④ マ)
(4) 移 - (① 木 ② 禾 ③ 夕 ④ 多)

❿ 다음 漢字와 소리는 같으나 뜻이 다른 漢字語를 쓰세요.

> 例   山水 - (算數)

(1) 義士 - (   )   (2) 正義 - (   )
(3) 疑心 - (   )   (4) 引力 - (   )

⓫ 다음 漢字語의 뜻을 쓰세요.

(1) 義理 :
(2) 損益 :
(3) 公認 :

⓬ 다음 漢字의 略字(획수를 줄인 漢字)를 쓰세요.

(1) 醫 - (   )   (2) 儉 - (   )
(3) 寶 - (   )   (4) 廣 - (   )

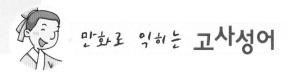

만화로 익히는 고사성어

衆 무리 중　寡 적을 과　不 아닐 부　敵 대적할 적

衆寡不敵은 맹자의 말에서 유래한 성어로 **적은 수가 많은 수를 대적하지 못한다**는 뜻으로 쓰이는 성어이다.

📝 아래의 풀이에 알맞은 한자를 쓰세요.

①		心			②					③
					有					
		④見		思					⑤質	
						⑥多			
	⑦我		⑧	水		多			
						⑨	者		

▶ 가로 열쇠

① 남에게 의지하는 마음
④ 이로움을 보면 의리를 먼저 생각하여야 함
⑤ 의심나는 점을 물어서 밝히는 것
⑦ 내 논에 물대기, 즉 자기에게만 유리하게 함을 이르는 말
⑨ 사귀어 자기에게 유익함이 있는 세 가지 부류의 벗

▼ 세로 열쇠

① 의지하여 생활하거나 존재하는 일
② 임금과 신하의 도리는 의리에 있음
③ 얼마쯤 믿으면서도 한편으로는 의심함
⑥ 많으면 많을수록 더 좋음
⑧ 이끌어 지도하는 것

 姉 손위 누이 자

 姿 모양 자

 資 재물 자

 殘 남을 잔

 雜 섞일 잡

 壯 장할 장

 帳 장막 장

 張 베풀 장

 將 장수 장

 裝 꾸밀 장

 腸 창자 장

 奬 장려할 장

✏️ 다음 한자의 훈음을 알아 보고 빈 칸에 알맞게 쓰세요.

훈 손위 누이   음 자

훈 모양   음 자:

본자는 姉로 女(계집 녀)가 뜻부분, 帚(그칠 자)가 음부분이다. '**손위 누이**'를 뜻한다.

女(계집 녀)가 뜻부분, 次(버금 차)가 음부분이다. 여자의 고운 맵시를 뜻하기 위한 것에서 '**모양을 내다**'를 뜻한다.

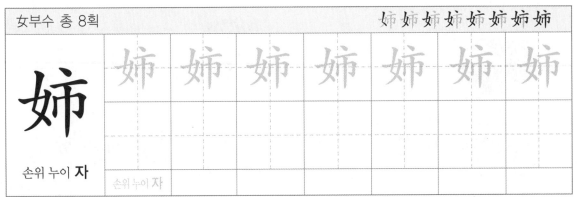

| 女부수 총 8획 | 姉 姉 姉 姉 姉 姉 姉 姉 |

姉
손위 누이 **자**

어휘 : 姉妹(자매) 姉母會(자모회)   상대반의어 : 妹(손아래 누이 매)
사자성어 : 兄弟姉妹(형제자매) – 형제와 자매.

| 女부수 총 9획 | 姿 姿 姿 姿 姿 姿 姿 姿 姿 |

姿
모양 **자**

어휘 : 姿勢(자세) 姿色(자색)   유의어 : 態(모습 태)

월   일   이름: 확인:

✏️ 다음 한자의 훈음을 알아 보고 빈 칸에 알맞게 쓰세요.

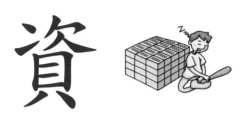

훈 재물   음 자

貝(조개 패)가 뜻부분, 次(버금차)가 음부분이다. 돈이나 재물을 나타내며, '**밑천, 비용**' 등을 뜻한다.

훈 남을   음 잔

歹(앙상할 알)이 뜻부분, 戔(해칠 잔)이 음부분이다. 앙상한 뼈만 남도록 가혹하게 다룬다는 뜻에서, '**남다, 잔인하다**' 등을 뜻한다.

貝부수 총 13획	資資資資資資資資資資資資資					
資	資	資	資	資	資	資
재물 **자**						

| 어휘 : 資格(자격) 資料(자료) 資本(자본) |

歹부수 총 12획	殘殘殘殘殘殘殘殘殘殘殘殘					
殘	殘	殘	殘	殘	殘	殘
						약자
남을 **잔**						残

| 어휘 : 殘額(잔액) 敗殘兵(패잔병) | | 유의어 : 餘(남을 여) |

사자성어 : 骨肉相殘(골육상잔) - 부자, 형제, 숙질 등 가까운 친족끼리 서로 해침.

📝 다음 한자의 훈음을 알아 보고 빈 칸에 알맞게 쓰세요.

雜

훈 섞일   음 잡

여러 빛깔의 천을 모아서 짠 옷을 나타낸 襍에서 변한 글자이다. '뒤섞이다, 어수선하다' 등을 뜻한다.

壯

훈 장할   음 장:

爿(조각 장)이 음부분, 士(선비 사)가 뜻부분이다. 신체가 '큰 사람'을 나타내다, 후에 '씩씩하다, 장하다' 등을 뜻하게 되었다.

| 隹부수 총 18획 | 雜 雜 雜 雜 雜 雜 雜 雜 雜 雜 雜 雜 雜 雜 雜 雜 雜 |

雜

雜　雜　雜　雜　雜　雜　雜

약자
雜

섞일 **잡**

섞일 잡

어휘 : 雜念(잡념) 混雜(혼잡)   유의어 : 混(섞일 혼)

| 士부수 총 7획 | 壯 壯 壯 壯 壯 壯 壯 |

壯

壯　壯　壯　壯　壯　壯　壯

약자
壯

장할 **장**

장할 장

어휘 : 壯丁(장정) 壯元(장원)
사자성어 : 老益壯(노익장) – 나이를 먹을수록 기력이 좋아짐.

📝 다음 한자의 훈음을 알아 보고 빈 칸에 알맞게 쓰세요.

훈 장막   음 장

훈 베풀   음 장

巾(수건 건)이 뜻부분, 長(길 장)이 음부분이다. 천을 길게 둘러친다는데서, '**장막**'의 뜻이 생겼다.

弓(활 궁)이 뜻부분, 長(길 장)이 음부분이다. '**활줄을 당기다**'라는 뜻이었는데 후에 '**베풀다, 펴다**'등으로 사용됐다.

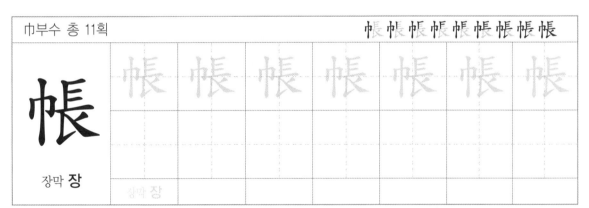

巾부수 총 11획	帳帳帳帳帳帳帳帳帳

帳
장막 **장**

어휘 : 帳幕(장막) 通帳(통장)   유의어 : 幕(장막 막 : 준3급)

弓부수 총 11획	張張張張張張張張張張張

張
베풀 **장**

어휘 : 伸張(신장) 主張(주장)
사자성어 : 張三李四(장삼이사) - 장씨네 셋째 아들과 이씨네 넷째 아들. 즉, 평범한 보통 사람을 일러 말함.

✏️ 다음 한자의 훈음을 알아 보고 빈 칸에 알맞게 쓰세요.

훈 장수　음 장(:)

훈 꾸밀　음 장

爿(조각 장)이 음부분, 月(고기 육)과 寸(마디 촌)이 뜻부분이다. 많은 사람을 거느리고 고기를 받들어 제사를 지내는 '장수'를 뜻한다.

壯(장할 장)이 음부분, 衣(옷 의)가 뜻부분이다. 옷을 차려 입다라는데서 '차리다, 꾸미다' 등을 뜻한다.

寸부수 총 11획							將將將將將將將將將將將
將	將	將	將	將	將	將	將
							약자 將
장수 장	장수 장						

사자성어 : 出將入相(출장입상) - 문무 겸전하여 장상의 벼슬을 두루 지냄을 이르는 말.
獨不將軍(독불장군) - 남의 의견을 묵살하고 저 혼자 모든 일을 처리하는 사람.

상대반의어 : 卒(군사 졸), 兵(병사 병)

衣부수 총 13획							裝裝裝裝裝裝裝裝裝裝裝裝裝
裝	裝	裝	裝	裝	裝	裝	裝
							약자 裝
꾸밀 장	꾸밀 장						

어휘 : 裝身具(장신구) 武裝(무장)

모양이 비슷한 한자 : 奬(장려할 장)

✏️ 다음 한자의 훈음을 알아 보고 빈 칸에 알맞게 쓰세요.

腸

훈 창자   음 장

獎

훈 장려할   음 장(ː)

月(고기 육)이 뜻부분, 昜(볕 양)이 음부분이다. 肉(육)이 들어가 **'창자'** 라는 뜻을 나타낸다.

將(장수 장)이 음부분, 大(큰 대)가 뜻부분이다. 장수처럼 큰 인물이 되도록 **'격려하다, 장려하 다'** 를 뜻한다.

月(肉)부수 총 13획				腸腸腸腸腸腸腸腸腸腸腸腸腸			
腸 창자 **장**	腸	腸	腸	腸	腸	腸	腸
	창자 장						

어휘 : 腸炎(장염) 大腸(대장)
사자성어 : 九折羊腸(구절양장) – 아홉 번 꼬부라진 양의 창자, 즉 몹시 험하게 꼬불꼬불한 것.

大부수 총 14획				獎獎獎獎獎獎獎獎獎獎將將獎獎獎			
獎 장려할 **장**	獎	獎	獎	獎	獎	獎	獎
							약자
	장려할 장						奨

어휘 : 獎學金(장학금) 勸獎(권장)   모양이 비슷한 한자 : 裝(꾸밀 장)

제 2회 기출 및 예상 문제

① 다음 漢字語의 讀音을 쓰세요.

(1) 資格　　(　　　)　　　(2) 姉兄　　(　　　)

(3) 勸獎　　(　　　)　　　(4) 殘額　　(　　　)

(5) 雜草　　(　　　)　　　(6) 姿勢　　(　　　)

(7) 殘徒　　(　　　)　　　(8) 獎學金　(　　　)

(9) 姉妹　　(　　　)　　　(10) 假裝　　(　　　)

(11) 物資　　(　　　)　　　(12) 壯烈　　(　　　)

(13) 將來　　(　　　)　　　(14) 雜談　　(　　　)

(15) 健壯　　(　　　)　　　(16) 資質　　(　　　)

(17) 日記帳　(　　　)　　　(18) 裝備　　(　　　)

(19) 服裝　　(　　　)　　　(20) 殘餘　　(　　　)

(21) 資本　　(　　　)　　　(22) 姿色　　(　　　)

(23) 殘高　　(　　　)　　　(24) 武裝　　(　　　)

(25) 資源　　(　　　)　　　(26) 殘業　　(　　　)

(27) 將軍　　(　　　)　　　(28) 斷腸　　(　　　)

② 다음 漢字의 訓과 音을 쓰세요.

(1) 獎　(　　　)　　(2) 裝　(　　　)

(3) 資　(　　　)　　(4) 張　(　　　)

(5) 雜　(　　　)　　(6) 壯　(　　　)

(7) 帳　(　　　)　　(8) 殘　(　　　)

(9) 將　(　　　)　　(10) 姉　(　　　)

③ 다음 漢字語를 漢字로 쓰세요.

(1) 장렬(씩씩하고 맹렬하다)

(2) 잡념(여러 가지 쓸데없는 생각)

(3) 주장(자기의 주의나 의견을 굳이 내세우는 것)

(4) 건장(몸이 튼튼하고 굳세다)

(5) 노익장(나이를 먹을수록 기력이 좋아짐)

(6) 잔금(쓰고 남은 돈)

(7) 잔업(정해진 노동 시간 외의 노동)

(8) 노자(집을 떠나 여러 날 먼 길을 갈 때 드는 돈)

④ 다음 訓과 音에 맞는 漢字를 쓰세요.

(1) 장수 장　(　　　　　)　　　(2) 장막 장　　　(　　　　　)

(3) 재물 자　(　　　　　)　　　(4) 창자 장　　　(　　　　　)

(5) 섞일 잡　(　　　　　)　　　(6) 모양 자　　　(　　　　　)

⑤ 다음에 例示한 漢字語 중에서 앞 글자가 長音으로 發音되는 것을 골라 그 番號를 쓰세요.

(1) ① 獎學　② 女裝　③ 出張　④ 隱居

(2) ① 承認　② 山羊　③ 壯士　④ 仁術

(3) ① 資格　② 將星　③ 儀式　④ 明暗

(4) ① 主張　② 服裝　③ 殘額　④ 勸獎

⑥ 다음 漢字와 뜻이 상대 또는 반대되는 漢字를 써서 漢字語를 만드세요.

例	江 - (山)

(1) 姊 - (　　　　　)　　　(2) 損 - (　　　　　)

(3) 將 - (　　　　　)　　　(4) (　　　　　) - 納

⑦ 다음 漢字와 뜻이 비슷한 漢字를 써서 漢字語를 만드세요.

例	河 - (川)

(1) (　　　　　) - 續　　　(2) 報 - (　　　　　)

(3) 攻 - (　　　　　)　　　(4) 階 - (　　　　　)

월   일 | 이름 | 확인

⑧ 다음 漢字語의 (   ) 속에 알맞은 漢字를 쓰세요.

> 例   見(物)生心 : 실물을 보면 욕심이 생김

(1) 骨肉相(   ) : 부자, 형제, 숙질 등 가까운 친족끼리 서로 해침

(2) 出(   )入相 : 문무 겸전하여 장상의 벼슬을 두루 지냄을 이르는 말

(3) (   )三李四 : 장씨네 셋째 아들과 이씨네 넷째 아들. 즉 평범한 보통 사람을 일러 말함

(4) 獨不(   )軍 : 남의 의견은 묵살하고 저 혼자 모든 일을 처리하는 사람

⑨ 다음 漢字의 部首로 맞는 것을 골라 그 番號를 쓰세요.

(1) 殘 - (① 歹 ② 夕 ③ 戈 ④ 戔)

(2) 將 - (① 將 ② 爿 ③ 夕 ④ 寸)

(3) 帳 - (① 長 ② 巾 ③ 丨 ④ 帳)

(4) 姿 - (① 冫 ② 欠 ③ 次 ④ 女)

⑩ 다음 漢字와 소리는 같으나 뜻이 다른 漢字語를 쓰세요.

> 例   山水 - (算數)

(1) 假裝 - (   )   (2) 女裝 - (   )

(3) 壯士 - (   )

⑪ 다음 漢字의 略字(획수를 줄인 漢字)를 쓰세요.

(1) 雜 - (   )   (2) 壯 - (   )

(3) 將 - (   )   (4) 裝 - (   )

衆 무리 중　　口 입 구　　難 어려울 난　　防 막을 방

衆口難防은 뭇사람들의 말은 막기가 어렵다는 뜻으로 많은 사람들의 소리를 막기가 어려우니 행동을 조심해야 한다는 뜻입니다.

백성의 입을 막는 것은 어렵습니다. 백성들이 생각하는 것을 자유롭게 말할 수 있도록 해야 합니다.

주나라의 여왕(厲王)은 나라의 정사에 대해 헐뜯는 자가 있으면 반드시 찾아내 죽였다. 이에 소공이 충언을 하였다.

무엇이? 저 놈을 당장 참형에 처하라.

폐하. 새겨들으시옵소서.

질 질 질

그러나 여왕은 백성들의 입을 계속 막았다. 후에 반란이 일어나 여왕은 망명지에서 죽고 말았다.

춘추시대 송나라 사람 사마화원은 자신을 비방하는 사람들을 그대로 받아들였다.

사마 화원

저 사람이 적의 포로가 되었다가 돌아와 성 쌓는 일을 감독하게 되었다는 군. 웃겨~

저 사람이 사마화원님을 비방했습니다.

허허. 뭇사람(衆)의 입(口)을 막기가(防) 어려운지고(難), 또한 그는 사실을 말했을 뿐이니 개의치 않소.

훗날 그의 행동은 오히려 다른 사람들의 존경을 받게 되었다.

아래의 풀이에 알맞은 한자를 쓰세요.

		① 老		②			③		李	④
	⑤ 同	族		⑥					楚	
						⑦			歌	
	⑧ 獨			記						
			⑨							
⑩ 出									⑪	
				⑫ 九	折					

▶ 가로 열쇠

① 나이를 먹을수록 기력이 좋아짐
③ 장씨네 셋째 아들과 이씨네 넷째 아들. 즉, 평범한 보통 사람을 일러 말함
⑤ 동족끼리 서로 싸우고 해침
⑨ 하루 종일 있었던 일이나 감상을 적는 노트
⑩ 나가서는 장수가 되고 들어와서는 재상이 됨
⑫ 아홉 번 꼬부라진 양의 창자. 즉, 몹시 험하게 꼬불꼬불한 것

▼ 세로 열쇠

② 과거 시험에서 수석으로 급제함
④ 사방이 모두 적으로 둘러싸인 형국을 말함
⑥ 남은 돈
⑦ 여러 가지 일을 적는 공책
⑧ 남의 의견을 묵살하고 저 혼자 모든 일을 처리하는 사람
⑪ 큰 창자, 내장의 일부로 소장의 끝에서 항문에 이르는 소화기관

4급 한자능력검정시험

	障 막을 장		低 낮을 저
	底 밑 저		賊 도둑 적
	適 맞을 적		敵 대적할 적
	積 쌓을 적		績 길쌈 적
	籍 문서 적		田 밭 전
	專 오로지 전		錢 돈 전

📝 다음 한자의 훈음을 알아 보고 빈 칸에 알맞게 쓰세요.

障

훈 막을　　음 장

β(언덕 부)가 뜻부분, 章(글 장)이 음부분이다. 언덕이 앞을 가로막고 있다는데서 **'막다, 한계'** 등을 뜻한다.

低

훈 낮을　　음 저:

人(사람 인)이 뜻부분, 氐(근본 저)가 음부분이다. 氐(저)는 사물의 가장 낮은 부분을 나타내 **'낮다'** 를 뜻한다.

β(阜)부수 총 14획	障障障障障障障障障障障障障障

障

막을 **장**

障障障障障障障

막을 장

어휘 : 障壁(장벽)　障害(장해)
사자성어 : 安全保障(안전보장) – 외국으로부터의 침략에 대하여 국가의 안전을 지키는 일.

ㅣ(人)부수 총 7획	低低低低低低低

低

낮을 **저**

低低低低低低低

낮을 저

어휘 : 低速(저속)　低質(저질)　　　　　　　　　　상대반의어 : 高(높을 고)

🔘 다음 한자의 훈음을 알아 보고 빈 칸에 알맞게 쓰세요.

底

훈 밑   음 저:

賊

훈 도둑   음 적

广(집 엄)이 뜻부분, 氐(근본 저)가 음부분이다. 氐(저)는 사물의 가장 낮은 부분이므로, 집의 **'밑바닥'** 을 뜻하게 되었다.

창(戈)과 칼(刀) 같은 무기를 들고서 남의 돈(貝)을 훔치는 **'도둑'** 을 뜻하게 되었다.

广부수 총 8획					底底底庀庀庀底底		
底	底	底	底	底	底	底	底
밑 **저**							

사자성어 : 井底之蛙(정저지와) – 우물 안 개구리. 견식이 좁은 사람이 제 부족함을 모르고 아는체함을 비유한 말.

모양이 비슷한 한자 : 低(낮을 저)

貝부수 총 13획					賊 賊 賊 賊 賊 貝 貝 貝 貶 販 賦 賊 賊		
賊	賊	賊	賊	賊	賊	賊	賊
도둑 **적**							

어휘 : 盜賊(도적) 逆賊(역적)

유의어 : 盜(도둑 도)

사자성어 : 亂臣賊子(난신적자) – 나라를 어지럽게 하는 신하와 어버이를 해치는 자식.

다음 한자의 훈음을 알아 보고 빈 칸에 알맞게 쓰세요.

훈 맞을　음 적

辶(쉬엄쉬엄갈 착)이 뜻부분, 啇(밑동 적)이 음부분이다. 알맞은 곳을 골라 간다는데서 **'알맞다, 맞다'** 를 뜻한다.

훈 대적할　음 적

啇(밑동 적)이 음부분, 攵(칠 복)이 뜻부분이다. 몽둥이로 치며 싸우는데서, **'대적하다'** 를 뜻한다.

辶(辵)부수 총 15획　　適適適適適商商商商商商滴滴滴適

適	適	適	適	適	適	適
適						
맞을 적	맞을 적					

어휘 : 適當(적당)　適性(적성)
사자성어 : 適者生存(적자생존) – 생존 경쟁에서 외부의 환경에 잘 적응하는 것만 살아남고, 그렇지 못한 것은 멸망하는 일.

攵(攴)부수 총 15획　　敵敵敵敵敵商商商商商商敵敵敵敵

敵	敵	敵	敵	敵	敵	敵
敵						
대적할 적	대적할 적					

어휘 : 敵對(적대)　敵地(적지)
사자성어 : 仁者無敵(인자무적) – 어진 사람은 모든 사람을 사랑하므로 천하에 적대하는 사람이 없음.

✎ 다음 한자의 훈음을 알아 보고 빈 칸에 알맞게 쓰세요.

積

훈 쌓을   음 적

績

훈 길쌈   음 적

禾(벼 화)가 뜻부분, 責(꾸짖을 책)이 음부분이다. 벼 같은 곡물을 '**쌓다, 비축하다**' 등을 뜻한다.

糸(실 사)가 뜻부분, 責(꾸짖을 책)이 음부분이다. 삼 등에서 실을 '**뽑아내다, 일, 업적**' 등을 뜻한다.

禾부수 총 16획	禾 禾 秆 秆 秸 秸 秸 秸 精 精 積 積

積

쌓을 **적**

사자성어 : 積土成山(적토성산) – 흙을 쌓아 산을 이룬다. 곧, 작은 것도 많이 쌓이면 큰 것을 이룸.

모양이 비슷한 한자 : 績(길쌈 적)

糸 부수 총 17획	績 績 績 績 績 績 績 績 績 績 績

績

길쌈 **적**

어휘 : 成績(성적) 業績(업적)

모양이 비슷한 한자 : 積(쌓을 적)

✏️ 다음 한자의 훈음을 알아 보고 빈 칸에 알맞게 쓰세요.

훈 문서   음 적

竹(대나무 죽)이 뜻부분, 耤(빌릴 적)이 음부분이다. 관청의 호구, 공납 등을 기록해 두는 장부에서 **문서, 장부** 라는 뜻으로 쓰인다.

훈 밭   음 전

구획이 지어져 있는 **'밭'** 의 모양을 본뜬 글자이다.

竹부수 총 20획	籍 籍 籍 籍 籍 籍 籍 籍 籍 籍 籍 籍 籍 籍 籍 籍						
籍 문서 **적**	籍	籍	籍	籍	籍	籍	籍
	문서 적						

| 어휘 : 戶籍(호적) 書籍(서적)

田부수 총 5획	田 田 田 田 田						
田 밭 **전**	田	田	田	田	田	田	田
	밭 전						

| 어휘 : 油田(유전) 火田(화전) | 상대반의어 : 畓(논 답 : 3급)
| 사자성어 : 我田引水(아전인수) – 내 논에 물대기. 즉, 자기에게만 이롭게 함.

✏️ 다음 한자의 훈음을 알아 보고 빈 칸에 알맞게 쓰세요.

훈 오로지   음 전

실패(虫)를 손(寸)으로 잡고 감고 있는 모습을 본뜬 한자로 집중해서 감는다는 뜻에서 **'오로지'** 라는 뜻으로 쓰인다.

훈 돈   음 전:

金(쇠 금)이 뜻부분, 戔(해칠 잔)이 음부분이다. **'동전, 돈'** 을 뜻한다.

寸부수 총 11획	專 專 專 專 專 專 車 車 車 專 專

專

오로지 **전**

| 어휘 : 專攻(전공) 專門(전문) |

金부수 총 16획	錢 錢 錢 錢 錢 錢 錢 錢 錢

錢

돈 **전**

약자
錢

| 어휘 : 葉錢(엽전) 銅錢(동전) |

※ 다음 글을 읽고 물음에 답하시오. (❶ ～ ❷)

당시 유의태는 醫術[1]이 뛰어나 귀신처럼 병을 잘 고친다고 널리 알려져 있었다. 그는 의술이 뛰어날 뿐 아니라 학식[5]이 깊고 품성[6]이 호탕하여 모든 사람들이 존경하고 있었다.

유의태는 늘 해어진 의복[7]을 입고 헌 갓을 쓰고 산천을 遊覽[2]하면서 자신[8]의 醫術을 널리 폈다. 가난하고 무지한 백성[9]들에게는 유의태야말로 구세주가 아닐 수 없었다. 그 동안 자기의 뜻을 이루게 할 수 있는 사람을 구하던 유의태는 허준을 보자 곧 그가 適當[3]한 인물임을 알아챘다. 그는 허준을 마치 자기의 분신[10]인 것처럼 생각하고 더욱 엄하게 가르치고 또 아껴 주었다. 허준은 유의태를 스승으로 받들게 되자 스승을 통해 醫術을 배워 더 큰 理想[4]을 실현 시키리라 마음 속으로 다짐했다.

❶ 윗글에서 밑줄 친 漢字語 (1) ～ (4)의 讀音을 쓰세요.

(1) 醫術　　（　　　　）　　(2) 遊覽　　（　　　　）
(3) 適當　　（　　　　）　　(4) 理想　　（　　　　）

❷ 윗글에서 밑줄 친 漢字語 (5) ～ ⑽를 漢字로 쓰세요.

(5) 학식　　（　　　　）　　(6) 품성　　（　　　　）
(7) 의복　　（　　　　）　　(8) 자신　　（　　　　）
(9) 백성　　（　　　　）　　(10) 분신　　（　　　　）

❸ 다음 漢字語의 讀音을 쓰세요.

(1) 基底　　（　　　　）　　(2) 對敵　　（　　　　）
(3) 低速　　（　　　　）　　(4) 適應力　（　　　　）
(5) 銅錢　　（　　　　）　　(6) 盜賊　　（　　　　）
(7) 最低　　（　　　　）　　(8) 業績　　（　　　　）
(9) 低空　　（　　　　）　　(10) 義賊　　（　　　　）
(11) 油田　　（　　　　）　　(12) 障壁　　（　　　　）
(13) 適格　　（　　　　）　　(14) 低溫　　（　　　　）

(15) 本籍　　(　　　　)　　(16) 宿敵　　(　　　　)

(17) 戰績　　(　　　　)　　(18) 適任　　(　　　　)

(19) 底邊　　(　　　　)　　(20) 海底　　(　　　　)

(21) 敵軍　　(　　　　)　　(22) 本錢　　(　　　　)

(23) 海賊　　(　　　　)　　(24) 專門家　(　　　　)

(25) 逆賊　　(　　　　)　　(26) 專攻　　(　　　　)

❹ 다음 漢字의 訓과 音을 쓰세요.

(1) 專　　(　　　　)　　(2) 績　　(　　　　)

(3) 底　　(　　　　)　　(4) 賊　　(　　　　)

(5) 錢　　(　　　　)　　(6) 敵　　(　　　　)

(7) 障　　(　　　　)　　(8) 積　　(　　　　)

(9) 籍　　(　　　　)　　(10) 低　　(　　　　)

❺ 다음에 例示한 漢字語 중에서 앞 글자가 長音으로 發音되는 것을 골라 그 番號를 쓰세요.

(1) ① 敵船　② 積立　③ 淸掃　④ 低空

(2) ① 障壁　② 將軍　③ 底力　④ 雜談

(3) ① 殘雪　② 錢穀　③ 資源　④ 逆流

(4) ① 底邊　② 專務　③ 適合　④ 田園

❻ 다음 漢字와 뜻이 상대 또는 반대되는 漢字를 써서 漢字語를 만드세요.

例	江 - (山)

(1) 高 - (　　　)　　(2) 朝 - (　　　)

(3) (　　　) - 樂　　(4) 公 - (　　　)

❼ 다음 漢字와 뜻이 비슷한 漢字를 써서 漢字語를 만드세요.

> 例   河 - (川)

(1) 盜 - (   )   (2) 模 - (   )
(3) 考 - (   )   (4) 選 - (   )

❽ 다음 漢字語의 (   ) 속에 알맞은 漢字를 쓰세요.

> 例   見(物)生心 : 실물을 보면 욕심이 생김

(1) 亂臣(   )子 : 나라를 어지럽게 하는 신하와 어버이를 해치는 자식
(2) 仁者無(   ) : 어진 사람은 모든 사람을 사랑하므로 천하에 적대하는 사람이
                        없음
(3) (   )土成山 : 흙을 쌓아 산을 이룬다. 곧 작은 것도 많이 쌓이면 큰 것을 이룸
(4) (   )者生存 : 생존 경쟁에서 외부의 환경에 잘 적응하는 것만 살아남고, 그
                        렇지 못한 것은 멸망하는 일

❾ 다음 漢字의 部首를 쓰세요.
(1) 積 - (   )   (2) 適 - (   )
(3) 籍 - (   )   (4) 底 - (   )

❿ 다음 漢字와 소리는 같으나 뜻이 다른 漢字語를 쓰세요.

> 例   山水 - (算數)

(1) 低俗 - (   )   (2) 國籍 - (   )
(3) 專攻 - (   )   (4) 專修 - (   )

⓫ 다음 漢字의 略字(획수를 줄인 漢字)를 쓰세요.
(1) 獎 - (   )   (2) 錢 - (   )
(3) 殘 - (   )   (4) 覺 - (   )

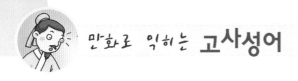

座 자리 좌 右 오른 우 銘 새길 명

座右銘은 **자리 오른쪽에 붙여 놓아 마음에 새겨 반성의 자료로 삼을 만한 글이나 간단한 말**을 뜻한다.

허~ 참으로 신기하게 생긴 술독이로다.

제나라의 환공이 죽자 묘당을 세우고 제사 그릇들을 전시한 곳을 공자가 찾았다.

공자님! 이것은 술을 반쯤 채우면 바로 섰다가 가득 채우면 다시 엎어지는 술병입니다.

아! 저것이 환공께서 의자 오른쪽에 두고 가득 차던 것을 경계하던 그 술독이구나.

자. 이것이 환공의 묘당에서 보았던 술독과 같은 것이다.

공부도 이와 같다. 다 배웠다고 교만을 부리는 자는 반드시 화를 당하게 되는 법이다.

공자는 제자들에게 학문의 길도 이와 같음을 말하였다.

공자는 집에 돌아와 똑같은 술 독을 만들어서 의자(座) 오른쪽 (右)에 두고 늘 마음에 새겨(銘) 자신을 경계하였다 한다.

아래의 풀이에 알맞은 한자를 쓰세요.

(가로세로 낱말 퍼즐 칸: ① ② 高 ③ 成 山 ④ ⑤ 我 引 ⑥ 無 ⑦ ⑧ 家 ⑨ ⑩ 業)

▶ **가로 열쇠**

① 착한 일을 많이 하여 선을 쌓음
③ 저속도의 준말
⑤ 내 논에 물대기 즉 자기에게만 이롭게 함
⑥ 어진 사람은 모든 사람을 사랑하므로 천하에 적대하는 사람이 없음
⑧ 전문적으로 연구함
⑩ 이룩해 놓은 성과

▼ **세로 열쇠**

① 흙을 쌓아 산을 이룬다. 곧, 작은 것도 많이 쌓이면 큰 것을 이룸
② 높고 낮음, 길고 짧음
④ 석유가 나는 곳
⑦ 자기 나라와 맞서 전쟁을 벌이는 나라
⑧ 특정한 부분의 지식과 경험이 풍부한 사람
⑨ 학생들의 학업이나 시험의 결과

 轉 구를 전

 折 꺾을 절

 絶 끊을 절

 占 점령할 점칠 점

 點 점 점

 接 이을 접

 丁 장정 고무래 정

 政 정사 정

 程 한도 길 정

 精 정할 정

 整 가지런할 정

 靜 고요할 정

✏️ 다음 한자의 훈음을 알아 보고 빈 칸에 알맞게 쓰세요.

훈 구를   음 전:

車(수레 거)가 뜻부분 專(오로지 전)이 음부분
이다. 수레 바퀴가 구르는 것에서 '**구르다, 옮기
다**' 등을 뜻한다.

훈 꺾을   음 절

手(손 수)와 斤(도끼 근)이 합쳐진 한자로 손으
로 도끼를 들고 나무를 하는데서 '**꺾다, 자르
다**' 등을 뜻한다.

車부수 총 18획	轉轉轉轉轉轉轉轉轉轉轉

轉

구를 **전**

轉	轉	轉	轉	轉	轉	轉
						약자
						転
구를 전						

어휘 : 轉入(전입) 轉學(전학)
사자성어 : 心機一轉(심기일전) – 지금까지 품었던 생각과 마음의 자세를 완전히 바꿈.

扌(手)부수 총 7획	折折折折折折折

折

꺾을 **절**

折	折	折	折	折	折	折
꺾을 절						

사자성어 : 九折羊腸(구절양장) – 아홉 번 꼬부라진 양의 창자. 산길 따위가 몹시 험하게 꼬불꼬불함.
　　　　　　百折不屈(백절불굴) – 백 번 꺾여도 굴하지 않는다는 뜻으로, 어떠한 어려움에도 굽히지 않음.

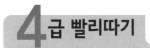

월   일   이름: 확인:

다음 한자의 훈음을 알아 보고 빈 칸에 알맞게 쓰세요.

훈 끊을   음 절

糸(실 사)와 刀(칼 도), 卩(병부 절)이 합쳐진 것으로, 바느질을 하는 아낙네가 칼을 들고 실을 끊는 모습에서 '끊다'를 뜻한다.

훈 점령할/점칠   음 점:/점

점을 쳐서(卜) 묻다(口) 라는 뜻을 나타낸 것이다. 卜은 거북의 등딱지가 갈라진 모습에서 '점치다, 차지하다' 등을 뜻한다.

糸 부수 총 12획

絕絕絕絕絕絕絕絕絕絕絕

絕

끊을 절

어휘 : 絕望(절망) 斷絕(단절)   유의어 : 斷(끊을 단)
사자성어 : 空前絕後(공전절후) – 전에도 없었고 앞으로도 있을 수 없음. 전무후무.

卜부수 총 5획

占占占占占

占

점령할/점칠 점

어휘 : 占領(점령) 占星術(점성술) 占有(점유)

✏️ 다음 한자의 훈음을 알아 보고 빈 칸에 알맞게 쓰세요.

點

훈 점   음 점(:)

黑(검을 흑)이 뜻부분, 占(점령할 점)이 음부분이다. 특정한 지역을 차지하여 검게 표시하였다는데서, '점, 점찍다, 불을 켜다' 등을 뜻한다.

接

훈 이을   음 접

手(손 수)가 뜻부분, 妾(첩 첩)이 음부분이다. 곁에서 돌봐 주는 시녀라는데서 '대접하다, 잇닿다, 가까이하다' 등을 뜻한다.

黑부수 총 17획	點點點點點點點點點點點點點點點點點

點	點	點	點	點	點	點	點

						약자	약자
점 **점**	점 점					奌	点

| 어휘 : 點線(점선) 點檢(점검)

扌(手)부수 총 11획	接接接接接接接接接接

接	接	接	接	接	接	接	接
이을 **접**	이을 접						

| 어휘 : 接近(접근) 接受(접수) | 유의어 : 續(이을 속)

🖊️ 다음 한자의 훈음을 알아 보고 빈 칸에 알맞게 쓰세요.

丁

훈 고무래/ 장정　　음 정

원래는 못의 모양을 본뜬 글자인데, 뒤에 **'장정, 일꾼'** 이라는 뜻으로 쓰였다.

政

훈 정사　　음 정

正(바를 정)이 음부분, 攵 (칠 복)이 뜻부분이다. 매질하여 바르게 한다는데서 **'바르게하다, 다스리다'** 등을 뜻한다.

─부수 총 2획　　　　　　　　　　　　　　　丁丁

丁				

고무래/ 장정 **정**

어휘 : 壯丁(장정)　白丁(백정)
사자성어 : 目不識丁(목불식정) – 낫 놓고 기역자도 모른다. 즉 아주 무식함을 비유.

攵(攴)부수 총 9획　　　　　　　政政政政政政政政政

政				

정사 **정**

어휘 : 政治(정치)　政權(정권)　　　　　　　　　　유의어 : 治(다스릴 치)

✏️ 다음 한자의 훈음을 알아 보고 빈 칸에 알맞게 쓰세요.

훈 한도/ 길   음 정

禾(벼 화)가 뜻부분, 呈(드릴 정)이 음부분이다. 벼를 수확하고 한도를 바친다는데서 **'한도, 정도, 길'** 등을 뜻한다.

훈 정할   음 정

米(쌀 미)가 뜻부분, 靑(푸를 청)이 음부분이다. 푸른빛이 돌 정도로 **'곱게 잘 찧은 쌀'** 이란데서, **'정밀하다'** 를 뜻한다.

禾부수 총 12획	程程程程程程程程程程程程
程 한도 길 정	程 程 程 程 程 程 程 한도/길 정

| 어휘 : 程度(정도) 旅程(여정) | 유의어 : 道(길 도), 途(길 도 : 준3급) |

米부수 총 14획	精精精精精精精精精精精精精精
精 정할 정	精 精 精 精 精 精 精 정할 정

| 어휘 : 精誠(정성) 精密(정밀) | 유의어 : 誠(정성 성) |

월   일   이름: 확인:

다음 한자의 훈음을 알아 보고 빈 칸에 알맞게 쓰세요.

整

훈 가지런할   음정 :

束(묶을 속)과 攵(칠 복)이 뜻부분, 正(바를 정)이 음부분이다. 묶거나 쳐서 바르고 **'가지런 하게'** 한다는 뜻이다.

靜

훈 고요할   음정

靑(푸를 청)이 음부분이고, 爭(다툴 쟁)이 뜻 부분이다. 다툼이 그친 후 맑아지고 조용해졌다 는데서, **'고요하다'** 라는 뜻을 나타내었다.

攵(攴)부수 총 16획

整整整整整整整整整整整整整整整整

整

整 整 整 整 整 整 整

整
가지런할 정
가지런할 정

┃어휘 : 整列(정렬) 整備(정비) 嚴整(엄정)

靑부수 총 16획

靜靜靜靜靜靜靜靜靜靜靜靜靜靜靜

靜

靜 靜 靜 靜 靜 靜 靜

약자
静

靜
고요할 정
고요할 정

┃어휘 : 靜肅(정숙) 動靜(동정)   ┃상대반의어 : 動(움직일 동)

월   일 이름   확인

❶ 다음 漢字語의 讀音을 쓰세요.

(1) 兵丁　　（　　　　）　　(2) 屈折　　（　　　　）

(3) 運轉　　（　　　　）　　(4) 逆轉　　（　　　　）

(5) 靜肅　　（　　　　）　　(6) 待接　　（　　　　）

(7) 絕對　　（　　　　）　　(8) 折半　　（　　　　）

(9) 骨折　　（　　　　）　　(10) 精密　　（　　　　）

(11) 轉勤　　（　　　　）　　(12) 整列　　（　　　　）

(13) 絕望　　（　　　　）　　(14) 拒絕　　（　　　　）

(15) 調整　　（　　　　）　　(16) 斷絕　　（　　　　）

(17) 日程　　（　　　　）　　(18) 旅程　　（　　　　）

(19) 絕妙　　（　　　　）　　(20) 占領　　（　　　　）

(21) 靜物　　（　　　　）　　(22) 整備　　（　　　　）

(23) 精選　　（　　　　）　　(24) 缺點　　（　　　　）

(25) 占據　　（　　　　）　　(26) 面接　　（　　　　）

❷ 다음 漢字의 訓과 音을 쓰세요.

(1) 整　　（　　　　）　　(2) 程　　（　　　　）

(3) 精　　（　　　　）　　(4) 占　　（　　　　）

(5) 點　　（　　　　）　　(6) 政　　（　　　　）

(7) 折　　（　　　　）　　(8) 轉　　（　　　　）

❸ 다음 밑줄 친 漢字語를 漢字로 쓰세요.

(1) 그는 나의 간청을 일언지하에 거절하였다.

(2) 교실에서는 정숙하시오.

(3) 용기가 부족한 것이 네 결점이다.

(4) 오늘 일정은 산을 넘어야 하는 고된 길이다.

(5) 그런 말은 절대 입에 담아선 안돼.

(6) 지극한 정성을 기울이면 못할 일이 없다.

(7) 국교가 <u>단절</u>된지 꽤 오랜 시간이 흘렀습니다.

(8) 고장난 자동차를 <u>정비</u>하였다.

(9) 요즘은 학급의 <u>절반</u> 이상이 안경을 쓰고 있습니다.

(10) 적국의 수도를 <u>점령</u>하였다.

❹ 다음 訓과 音에 맞는 漢字를 쓰세요.

(1) 꺾을 절   (   )   (2) 고요할 정   (   )

(3) 한도/ 길 정   (   )   (4) 점령할/점칠 점   (   )

(5) 점 점   (   )   (6) 구를 전   (   )

❺ 다음에 例示한 漢字語 중에서 앞 글자가 長音으로 發音되는 것을 골라 그 番號를 쓰세요.

(1) ① 絕對 ② 轉學 ③ 骨折 ④ 政事

(2) ① 靜肅 ② 整理 ③ 兵丁 ④ 日程

(3) ① 精神 ② 缺點 ③ 油田 ④ 異見

(4) ① 折半 ② 點燈 ③ 旅程 ④ 面接

❻ 다음 漢字와 뜻이 상대 또는 반대되는 漢字를 써서 漢字語를 만드세요.

例	江 – (山)

(1) 動 – (   )   (2) 賞 – (   )

(3) 難 – (   )   (4) 安 – (   )

❼ 다음 漢字와 뜻이 비슷한 漢字를 써서 漢字語를 만드세요.

例	河 – (川)

(1) (   ) – 絕   (2) 精 – (   )

(3) 素 – (   )   (4) 眼 – (   )

❽ 다음 漢字語의 (   ) 속에 알맞은 漢字를 쓰세요.

> 例 見(物)生心 : 실물을 보면 욕심이 생김

(1) 心機一(   ) : 지금까지 품었던 생각과 마음의 자세를 완전히 바꿈

(2) 目不識(   ) : 낫 놓고 기역자도 모른다. 즉 아주 무식함을 비유

(3) 九(   )羊腸 : 아홉 번 꼬부라진 양의 창자, 산길 따위가 몹시 험하게 꼬불꼬불함

(4) 百折不(   ) : 백 번 꺾여도 굴하지 않는다는 뜻으로, 어떠한 어려움에도 굽히지 않음

❾ 다음 漢字의 部首로 맞는 것을 골라 그 番號를 쓰세요.

(1) 政 – (① 正 ② 止 ③ 攵 ④ 政)

(2) 丁 – (① 一 ② 丁 ③ 丨 ④ 亅)

(3) 占 – (① 口 ② 占 ③ 卜 ④ 丨)

(4) 點 – (① 口 ② 占 ③ 灬 ④ 黑)

❿ 다음 漢字와 소리는 같으나 뜻이 다른 漢字語를 쓰세요.

> 例 山水 – (算數)

(1) 逆戰 – (   )   (2) 空轉 – (   )

(3) 斷折 – (   )   (4) 程度 – (   )

⓫ 다음 漢字의 略字(획수를 줄인 漢字)를 쓰세요.

(1) 轉 – (   )   (2) 點 – (   )

(3) 黨 – (   )   (4) 靜 – (   )

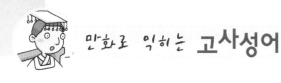

만화로 익히는 고사성어

井 우물 정　中 가운데 중　之 어조사 지　蛙 개구리 와

井中之蛙는 우물 안의 개구리라는 말로 학식이나 식견이 좁은 사람을 가리켜하는 말이다.

아래의 풀이에 알맞은 한자를 쓰세요.

			①自		②			③	④
⑤機				⑥	不	屈			
									畫
				腸					
⑦目	⑧不					⑨至	誠		
						高			

▶ **가로 열쇠**

③ (어떤 행동이나 상황 등이) 전개되거나 변화되어 가는 낌새나 상태

⑤ 지금까지 품었던 생각과 마음의 자세를 완전히 바꿈

⑥ 백 번 꺾여도 굴하지 않는다는 뜻으로 어떠한 어려움에도 굽히지 않음

⑦ 낫 놓고 기역자도 모른다. 즉 아주 무식함을 비유

⑨ 지극한 정성에 하늘도 감동함

▼ **세로 열쇠**

① 두 발로 페달을 밟아 움직이게 하는 탈것

② 아홉 번 꼬부라진 양의 창자. 산길 따위가 몹시 험하게 꼬불꼬불 함

④ 꽃이나 과일 또는 기물 따위의 정물을 소재로 하여 그린 그림

⑧ 천리 길도 멀다 하지 않음

⑨ 더 없이 높고 순수함

	制 절제할 제		帝 임금 제
	除 덜 제		祭 제사 제
	提 끌 제		製 지을 제
	際 즈음/가 제		濟 건널 제
	早 이를 조		助 도울 조
	造 지을 조		鳥 새 조

✏️ 다음 한자의 훈음을 알아 보고 빈 칸에 알맞게 쓰세요.

制

훈 절제할　음제:

未(미)와 刀(도)가 합쳐진 글자로 未는 나무의 모양을 나타내 칼로 불필요한 나뭇가지를 자른 다는데서 '금하다, 절제하다'를 뜻한다.

帝

훈 임금　음제:

신을 모시는 대(臺)를 본뜬 글자이다. 원래는 하느님이라는 뜻이었는데, 뒤에 나라를 다스리는 '임금'의 뜻으로 쓰였다.

⺉(刀)부수 총 8획				制制制制制制制制		
制	制	制	制	制	制	制	制
절제할 제						
	절제할 제						

| 어휘 : 制度(제도) 規制(규제) 制服(제복)

巾부수 총 9획				帝帝帝帝帝帝帝帝帝		
帝	帝	帝	帝	帝	帝	帝	帝
임금 제						
	임금 제						

| 사자성어 : 帝國主義(제국주의) - 강대국들이 후진국을 침략하여 식민지로　　| 유의어 : 王(임금 왕), 君(임금 군)
만들던 활동이나 경향.

다음 한자의 훈음을 알아 보고 빈 칸에 알맞게 쓰세요.

除

훈덜   음제

阜(언덕 부)가 뜻부분, 余(나 여)가 음부분이다. 언덕진 곳을 잘 오를 수 있도록 쌓아 놓은 궁전의 섬돌을 뜻하였으나 후에 **'덜다'** 는 의미로 쓰였다.

祭

훈제사   음제:

示(보일 시)와 又(오른손 우)와 月(고기 육)이 합쳐진 것으로, 제단(示)에 손(又)으로 고기(肉)를 바치는 모습을 통해서 **'제사 지내다'** 를 뜻한다.

阝(阜)부수 총 10획			除 3 阝 除 除 除 除 除 除 除			
除 덜 제	除	除	除	除	除	除

┃어휘 : 除籍(제적) 除外(제외) 除去(제거)

示부수 총 11획			祭 タ タ タ 祭 祭 祭 祭 祭 祭 祭			
祭 제사 제	祭	祭	祭	祭	祭	祭

┃어휘 : 祝祭(축제) 祭器(제기) 祭壇(제단)

✏️ 다음 한자의 훈음을 알아 보고 빈 칸에 알맞게 쓰세요.

提

훈끌   음제

手(손 수)가 뜻부분, 是(옳을 시)가 음부분이다. 손으로 집어 든다는데서 **'들다, 끌다, 거느리다'** 등을 뜻한다.

製

훈지을   음제:

衣(옷 의)가 뜻부분, 制(절제할 제)가 음부분이다. 옷감을 잘라 옷을 만든다는데서, **'짓다'** 를 뜻한다.

扌(手)부수 총 12획

提 提 提 提 提 提 提 提 提 提 提 提

提

끌 제

提 提 提 提 提 提 提

끌 제

| 어휘 : 提示(제시) 提起(제기) 提出(제출)

衣부수 총 14획

製 製 製 製 製 製 製 製 製 製 製 製 製 製

製

지을 제

製 製 製 製 製 製 製

지을 제

| 어휘 : 製藥(제약) 製造(제조) | 유의어 : 作(지을 작), 造(지을 조)

월   일   이름: 확인:

✎ 다음 한자의 훈음을 알아 보고 빈 칸에 알맞게 쓰세요.

際

훈 즈음/가   음 제:

阜(언덕 부)가 뜻부분, 祭(제사 제)가 음부분이다. '즈음, 가장자리' 등을 뜻한다.

濟

훈 건널   음 제:

水(물 수)가 뜻부분, 齊(가지런할 제)가 음부분이다. (물을) '건너다'는 뜻에서 후에, 물에 빠진 사람이나 곤경에 처한 사람을 '구해 주다'라는 뜻으로 사용됐다.

阝(阜)부수 총 14획	際際際際際際際際際際際際際際

際
즈음
가 제

어휘 : 國際(국제) 實際(실제) 交際(교제)

氵(水)부수 총 17획	濟濟濟濟濟濟濟濟濟濟濟濟濟濟濟濟濟

濟
건널 제

약자

濟

사자성어 : 經國濟世(경국제세) - 나라를 잘 다스려 도탄에 빠진 백성을 구제함.
經世濟民(경세제민) - 세상을 구제하고 백성을 편안하게 함.

다음 한자의 훈음을 알아 보고 빈 칸에 알맞게 쓰세요.

훈 이를   음 조 :

日(날 일)과 十(甲:갑옷 갑)이 합쳐진 것으로 '**이른 아침, 일찍**'을 뜻한다.

훈 도울   음 조 :

且(또 차)가 음부분, 力(힘 력)이 뜻부분이다. 힘을 더하여 남을 돕는다는데서, '**돕다**'를 뜻한다.

日부수 총 6획					早早早早早早	
早	早	早	早	早	早	早
이를 **조**	이를 조					

어휘 : 早退(조퇴) 早晩間(조만간) 早急(조급)　　　┃상대반의어 : 晩(늦을 만 : 준3급)
사자성어 : 早失父母(조실부모) – 어려서 부모를 잃음.

力부수 총 7획					助助助助助助助	
助	助	助	助	助	助	助
도울 **조**	도울 조					

어휘 : 助演(조연) 協助(협조) 助長(조장)　　　　　┃유의어 : 援(도울 원)
사자성어 : 相扶相助(상부상조) – 서로 서로 도움.

✏️ 다음 한자의 훈음을 알아 보고 빈 칸에 알맞게 쓰세요.

造   鳥

훈 지을   음 조: 훈 새   음 조

辶(쉬엄쉬엄 갈 착)이 뜻부분, 告(고할 고)가
음부분이다. '만들다'를 뜻한다.

'새'의 모양을 본뜬 글자이다.

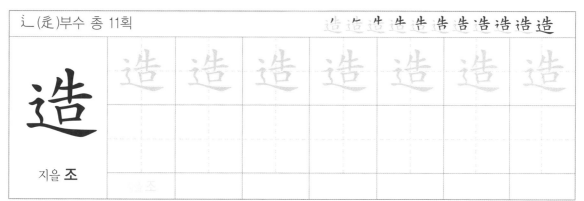

辶(辵)부수 총 11획   造造造告告告告告造造造

造						
지을 **조**						

어휘 : 造景(조경) 造形(조형)   유의어 : 作(지을 작), 製(지을 제)

鳥부수 총 11획   鳥鳥鳥鳥鳥鳥鳥鳥鳥鳥鳥

鳥						
새 **조**						

사자성어 : 一石二鳥(일석이조) – 한 가지 일을 하여 동시에 두 가지 이익을 얻는다.   모양이 비슷한 한자 : 烏(까마귀 오)
鳥足之血(조족지혈) – 새 발의 피. 아주 적은 양.

※ 다음 글을 읽고 물음에 답하시오.(❶~❷)

　　근대의 경제⁽⁵⁾ 발전의 주축인 산업화에 따른 인간소외의 문제가 提起⁽¹⁾된 이래 산업화가 선행한 서구의 기계 문명에 대한 비판은 인간상실, 혹은 가치관의 상실 혹은 물질만능주의라 하여 거의 그칠 날이 없다. 경제 성장⁽⁶⁾, 풍요 사회의 到來⁽²⁾와 더불어 다가오는 그런 정신적 위기를 경제 학자 케인즈는 벌써 옛날에 이렇게 말했다.

　　"경제 즉 생계⁽⁷⁾를 위한 씨름이 유사 이래 오늘까지 인류의 가장 주된 切實⁽³⁾한 문제였다. 따라서 경제문제가 해결되면 인류는 그 전래적⁽⁸⁾인 인생목적을 박탈 당하는 셈이다. 이것이 과연⁽⁹⁾ 축복⁽¹⁰⁾일까? 우리가 삶의 참된 가치를 신봉⁽¹¹⁾하고만 있다면, 이 전망⁽¹²⁾은 축복일 가능성을 열기도 한다. 그러나 보통의 사람들이 여러 세대를 걸쳐 길러온 습관과 본능⁽¹³⁾을 불과 수십년 사이에 버리지 않으면 안된다는 그 再調整⁽⁴⁾이 그리 쉬운 일은 아닐 것이 나는 두렵다. 이 때 인간은 그의 창조 이래 처음으로 切實하고 항상 직면해야 할 문제에 봉착하게 된다. 즉 다급했던 경제적인 걱정에서 벗어난 자유를 어디에 어떻게 쓸 것이며, 과학의 발달과 그 누적된 이득⁽¹⁴⁾들이 안겨다 준 여가를 무슨 일로 채울 것이며 어떻게 하면 현명하고 쾌적하고 훌륭하게 살 수 있느냐 하는 문제들이다."라고 했다.

❶ 윗글에서 밑줄 친 漢字語 (1) ~ (4)의 讀音을 쓰세요.

　(1) 提起　　（　　　　）　　　(2) 到來　　（　　　　）
　(3) 切實　　（　　　　）　　　(4) 再調整　（　　　　）

❷ 윗글에서 밑줄 친 漢字語 (5) ~ ⑭ 를 漢字로 쓰세요.

　(5) 경제　（　　　　）　　　(6) 성장　　　（　　　　）
　(7) 생계　（　　　　）　　　(8) 전래적　（　　　　）
　(9) 과연　（　　　　）　　　(10) 축복　　（　　　　）
　(11) 신봉　（　　　　）　　　(12) 전망　　（　　　　）
　(13) 본능　（　　　　）　　　(14) 이득　　（　　　　）

❸ 다음 漢字語의 讀音을 쓰세요.

　(1) 造化　（　　　　）　　　(2) 吉鳥　　（　　　　）
　(3) 祭壇　（　　　　）　　　(4) 經濟　　（　　　　）

(5) 制度   (   )   (6) 製品   (   )

(7) 法制   (   )   (8) 除去   (   )

(9) 製造   (   )   (10) 濟民   (   )

(11) 帝王   (   )   (12) 强制   (   )

(13) 百濟   (   )   (14) 援助   (   )

(15) 助力   (   )   (16) 帝政   (   )

(17) 製藥   (   )   (18) 除外   (   )

(19) 提起   (   )   (20) 國際   (   )

(21) 除名   (   )   (22) 早急   (   )

(23) 鳥類   (   )   (24) 造形   (   )

(25) 祭物   (   )   (26) 改造   (   )

❹ 다음 漢字의 訓과 음을 쓰세요.

(1) 造   (   )   (2) 製   (   )

(3) 早   (   )   (4) 祭   (   )

(5) 提   (   )   (6) 除   (   )

(7) 際   (   )   (8) 濟   (   )

(9) 制   (   )   (10) 帝   (   )

(11) 鳥   (   )   (12) 助   (   )

❺ 다음에 例示한 漢字語 중에서 앞 글자가 長音으로 發音되는 것을 골라 그 番號를 쓰세요.

(1) ① 安靜 ② 除去 ③ 交際 ④ 制止

(2) ① 帝王 ② 提起 ③ 鳥類 ④ 靜物

(3) ① 延長 ② 樣式 ③ 助力 ④ 工程

(4) ① 吉鳥 ② 政黨 ③ 製作 ④ 提出

⑥ 다음 漢字와 뜻이 상대 또는 반대되는 漢字를 써서 漢字語를 만드세요.

> 例   江 – (山)

(1) 起 – (   )   (2) 內 – (   )
(3) 斷 – (   )   (4) 攻 – (   )

⑦ 다음 漢字와 뜻이 비슷한 漢字를 써서 漢字語를 만드세요.

> 例   河 – (川)

(1) 製 – (   )   (2) 救 – (   )
(3) 身 – (   )

⑧ 다음 漢字語의 (   ) 속에 알맞은 漢字를 쓰세요.

> 例   見(物)生心 : 실물을 보면 욕심이 생김

(1) 經國(   )世 : 나라를 잘 다스려 도탄에 빠진 백성을 구제함
(2) 一石二(   ) : 한 가지 일을 하여 동시에 두 가지 이득을 얻는다는 말
(3) (   )世安民 : 세상을 구제하고 백성을 편안하게 함
(4) 目不識(   ) : 낫 놓고 기역자도 모른다. 아주 무식함

⑨ 다음 漢字의 部首로 맞는 것을 골라 그 番號를 쓰세요.

(1) 製 – (① 牛 ② 刂 ③ 衣 ④ 制)
(2) 助 – (① 且 ② 力 ③ 刀 ④ 助)
(3) 除 – (① 阝 ② 余 ③ 入 ④ 八)
(4) 帝 – (① 立 ② 巾 ③ 帝 ④ 一)

⑩ 다음 漢字의 略字(획수를 줄인 漢字)를 쓰세요.

(1) 濟 – (   )   (2) 輕 – (   )
(3) 會 – (   )   (4) 舊 – (   )

만화로 익히는 **고사성어**

千 일천천 載 해재 一 한일 遇 만날우

千載一遇는 천 년에 한 번 있을까 말까한 만남 즉, 좀처럼 만나기 어려운 좋은 기회라는 뜻으로 뜻밖의 행운이나 좋은 기회를 만났을 때 쓰는 말이다.

동진에 원굉이라는 사람이 있었다.

그는 아버지를 여의고 어려운 생활을 하였으나 문학적 재능이 뛰어나 아름다운 시를 많이 알고 있었다.

산토끼 토끼야 어디를 가느냐

원굉이라는 자가 읊는 시이옵니다.

오호. 참으로 아름다운 시구려.

어느 날 사상이라는 귀족이 시를 읊는 원굉의 아름다운 소리를 듣고 그를 참군으로 임명하였다.

만 년에 한 번 있는 기회는 이 세상의 통하는 길이며, 천 년(千載)에 한 번(一) 기회를 만나는(遇) 것은 현명하고 어진 사람과의 만남이다.

그후 원굉이 수많은 시를 지었는데, 가장 뛰어난 것으로 꼽히는 시 중 하나이다.

퍼즐로 **한자를**

아래의 풀이에 알맞은 한자를 쓰세요.

①經	國	②		③			④		
			⑤						
		扶					之		
							血		
⑥船	所		⑦				⑧		⑨
			⑩	失	父			主	
								義	

▶ 가로 열쇠
① 나라를 잘 다스려 도탄에 빠진 백성을 구제함
③ 한 가지 일을 하여 동시에 두 가지 이익을 얻는다
⑥ 배를 건조하거나 개조 또는 수선하는 곳
⑦ 힘을 도와서 더 자라게 하는 것
⑧ 하느님
⑩ 어려서 부모를 잃음

▼ 세로 열쇠
② 한국 최대의 섬인 제주도와 주변에 산재하는 섬들로 구성된 도
④ 새 발의 피, 아주 적은 양
⑤ 서로서로 돕는 것
⑥ 우주 만물을 만든 신
⑨ 강대국들이 후진국을 침략하여 식민지로 만들던 활동이나 경향
⑩ 이른 아침

4급 한자능력검정시험
4과정

 條 가지 조

組 짤 조

 潮 조수 조

 存 있을 존

尊 높을 존

 宗 마루 종

 從 좇을 종

 鍾 쇠북 종

 座 자리 좌

 朱 붉을 주

 走 달릴 주

 周 두루 주

📝 다음 한자의 훈음을 알아 보고 빈 칸에 알맞게 쓰세요.

훈 가지   음조

木(나무 목)이 뜻부분으로 쓰였다. '가지, 조리, 조목' 등을 뜻한다.

훈 짤   음조

糸(실 사)가 뜻부분, 且(또 차)가 음부분이다. 실을 겹쳐 쌓아서 옷감을 만든다는데서, '짜다, 구성하다'를 뜻한다.

木부수 총 11획	條條條條條條條條條條條

條 條 條 條 條 條 條

약자

条

條

가지 조

가지 조

어휘 : 條件(조건) 信條(신조)	유의어 : 枝(가지 지 : 3급)

사자성어 : 金科玉條(금과옥조) – 금이나 옥처럼 귀중한 규범이나 교훈.

糸부수 총 11획	組組組組組組組組組組組

組 組 組 組 組 組 組

組

짤 조

짤 조

어휘 : 組立(조립) 組織(조직) 組合(조합)

✏️ 다음 한자의 훈음을 알아 보고 빈 칸에 알맞게 쓰세요.

훈 조수   음 조

水(물 수)가 뜻부분, 朝(아침 조)가 음부분이다.
물이 아침에 밀려온다는데서 **밀물, 바닷물, 경향** 등을 뜻한다.

훈 있을   음 존

才(재주 재)가 음부분, 子(아들 자)가 뜻부분이다. **있다, 보존하다, 살피다** 등을 뜻한다.

氵(水)부수 총 15획

潮 潮 潮 潮 潮 潮 潮 潮 潮 潮 潮 潮 潮

潮

조수 **조**

어휘 : 潮水(조수) 干潮(간조) 滿潮(만조)

子부수 총 6획

存 存 存 存 存 存

存

있을 **존**

어휘 : 存續(존속) 共存(공존)
사자성어 : 存亡之秋(존망지추) – 존속과 멸망, 삶과 죽음이 결정되는 절박한 때.

유의어 : 有(있을 유), 在(있을 재)
상대반의어 : 亡(망할 망)

✏️ 다음 한자의 훈음을 알아 보고 빈 칸에 알맞게 쓰세요.

훈 높을   음 존

酋(술통 추)와 廾(들 공)이 합쳐진 것이다. 제사를 지낼 때 술통을 두 손으로 들어 바친다는 데서, **'존중하다, 높이다'** 를 뜻한다.

훈 마루   음 종

宀(집 면)과 示(보일 시)가 합쳐진 것이다. 示는 신을 뜻하므로, 宗은 조상신을 모신 집인 **'사당'** 이나 **'마루'** 를 뜻한다.

寸부수 총 12획	尊尊尊尊尊尊尊尊尊尊尊
尊	尊 尊 尊 尊 尊 尊 尊
높을 **존**	높을 존

| 어휘 : 尊敬(존경) 尊稱(존칭) | 상대반의어 : 卑(낮을 비 : 준3급)
유의어 : 重(무거울 중) |

宀부수 총 8획	宗宗宗宗宗宗宗宗
宗	宗 宗 宗 宗 宗 宗 宗
마루 **종**	마루 종

| 어휘 : 宗族(종족) 宗敎(종교) |

✏️ 다음 한자의 훈음을 알아 보고 빈 칸에 알맞게 쓰세요.

從

훈좇을   음종(:)

亻(자축거릴 척)과 止(그칠 지)가 뜻부분이고, 𠆢(종)이 음부분이다. 앞사람을 졸졸 좇아가는 모습을 나타내 **'좇아가다, 따르다, ~부터'**를 뜻한다.

鍾

훈쇠북   음종

金(쇠 금)이 뜻부분, 重(무거울 중)이 음부분이다. 쇠로 된 매우 무거운 물건인 **'종'**을 뜻한다.

亻부수 총 11획

從從從從從從從從從從從

從	從	從	從	從	從	從
					약자	약자
좇을 종					从	従

어휘 : 順從(순종) 服從(복종)   상대반의어 : 主(주인 주)
사자성어 : 類類相從(유유상종) – 같은 무리끼리 서로 내왕하며 사귐.

金부수 총 17획

鍾鍾鍾鍾鍾鍾鍾鍾鍾鍾

鍾	鍾	鍾	鍾	鍾	鍾	鍾
쇠북 종						

어휘 : 打鍾(타종) 警鍾(경종)

✏️ 다음 한자의 훈음을 알아 보고 빈 칸에 알맞게 쓰세요.

훈 자리   음 좌:

广(집 엄)이 뜻부분, 坐(앉을 좌)가 음부분이다. 집에서 앉는 곳, 곧 **'자리'**를 뜻한다.

훈 붉을   음 주

나무를 벤 단면의 심이 붉다는 것을 표시하기 위해 木에 一을 덧붙인 것으로, **'붉다'**를 뜻한다.

广부수 총 10획		座 座 座 座 座 座 座 座 座 座

座	座	座	座	座	座	座	座
자리 **좌**	자리 좌						

어휘 : 王座(왕좌) 講座(강좌)   유의어 : 席(자리 석)

木부수 총 6획		朱 朱 朱 朱 朱 朱

朱	朱	朱	朱	朱	朱	朱	朱
붉을 **주**	붉을 주						

어휘 : 朱黃(주황) 印朱(인주)   유의어 : 紅(붉을 홍), 赤(붉을 적)
사자성어 : 近朱者赤(근주자적) – 붉은 것을 가까이하는 사람은 붉어진다.

다음 한자의 훈음을 알아 보고 빈 칸에 알맞게 쓰세요.

走

훈 달릴   음 주

윗 부분은 大(큰 대)의 변형으로 달리는 모습을 본뜬 것이고, 하단은 止(발자국 지)의 변형으로 '달리다'를 뜻한다.

周

훈 두루   음 주

옥의 조밀한 무늬를 다듬는 모습이 변화된 것으로 '옥을 다듬다'가 본래 의미였으나 '두루, 널리' 등의 의미로 사용됐다.

走부수 총 7획				走走走走走走走			
走	走	走	走	走	走	走	走
달릴 **주**							

어휘 : 競走(경주) 走行(주행)
사자성어 : 走馬看山(주마간산) – 말을 타고 달리며 산천을 구경한다는 뜻으로, 사물의 겉만을 대강 보고 지나감.

口부수 총 8획				周周周周周周周周			
周	周	周	周	周	周	周	周
두루 **주**							

어휘 : 周圍(주위) 周知(주지) 周邊(주변)

❶ 다음 漢字語의 讀音을 쓰세요.

(1) 條理 (   )   (2) 周邊 (   )
(3) 條約 (   )   (4) 潮流 (   )
(5) 座席 (   )   (6) 尊重 (   )
(7) 條件 (   )   (8) 尊敬 (   )
(9) 周圍 (   )   (10) 勞組 (   )
(11) 競走 (   )   (12) 組成 (   )
(13) 鍾路 (   )   (14) 講座 (   )
(15) 信條 (   )   (16) 風潮 (   )
(17) 宗敎 (   )   (18) 滿潮 (   )
(19) 干潮 (   )   (20) 尊嚴 (   )
(21) 保存 (   )   (22) 獨走 (   )
(23) 存續 (   )   (24) 主從 (   )
(25) 走馬 (   )   (26) 存在 (   )

❷ 다음 漢字의 訓과 音을 쓰세요.

(1) 鍾 (   )   (2) 組 (   )
(3) 潮 (   )   (4) 座 (   )
(5) 尊 (   )   (6) 周 (   )
(7) 從 (   )   (8) 條 (   )

❸ 다음 漢字語를 漢字로 쓰세요.

(1) 문화재를 보존합시다.
(2) 드디어 태자가 권좌에 올랐다.
(3) 상관에게 복종하여라.
(4) 무릇 생명이란 그 무엇과도 바꿀 수 없을 만큼 존엄한 것이다.
(5) 토끼와 거북이가 경주를 하였습니다.
(6) 집 주위를 산책하였다.

(7) 조선 시대의 여자들의 삶은 남자에게 <u>종속</u>되어 있었다.

(8) 정하여 놓은 때가 되면 저절로 소리를 내어 시간을 알려 주는 시계를 <u>자명종</u>
이라 한다.

(9) 우리 회사에도 드디어 <u>노조</u>가 결성되었다.

(10) 도장을 찍을 때는 <u>인주</u>가 필요합니다.

❹ 다음 訓과 音에 맞는 漢字를 쓰세요.

(1) 가지 조   (   )   (2) 달릴 주   (   )

(3) 좇을 종   (   )   (4) 자리 좌   (   )

(5) 높을 존   (   )   (6) 조수 조   (   )

❺ 다음에 例示한 漢字語 중에서 앞 글자가 長音으로 發音되는 것을 골라 그 番號를
쓰세요.

(1) ① 座席 ② 主從 ③ 存在 ④ 力走

(2) ① 周圍 ② 引力 ③ 早朝 ④ 依舊

(3) ① 走馬 ② 宗家 ③ 尊敬 ④ 造成

(4) ① 尊嚴 ② 生存 ③ 帝國 ④ 宗親

❻ 다음 漢字와 뜻이 상대 또는 반대되는 漢字를 써서 漢字語를 만드세요.

例   江 - (山)

(1) 存 - (   )   (2) (   ) - 從

(3) (   ) - 誤   (4) 加 - (   )

월   일 이름   확인

❼ 다음 漢字와 뜻이 비슷한 漢字를 써서 漢字語를 만드세요.

例   河 - (川)

(1) 存 - (   )   (2) 尊 - (   )

(3) 座 - (   )   (4) (   ) - 留

❽ 다음 漢字語의 (   ) 속에 알맞은 漢字를 쓰세요.

例   見(物)生心 : 실물을 보면 욕심이 생김

(1) (   )馬看山 : 말을 타고 달리며 산천을 구경한다는 뜻으로, 사물의 겉만을
           대강 보고 지남
(2) 類類相(   ) : 같은 무리끼리 서로 내왕하며 사귐
(3) 金科玉(   ) : 금이나 옥처럼 귀중히 여겨 지키고 받들어야 할 규범이나 교훈
(4) (   )亡之秋 : 존속과 멸망, 삶과 죽음이 결정되는 절박한 때

❾ 다음 漢字의 部首로 맞는 것을 골라 그 番號를 쓰세요.

(1) 座 - (① 广 ② 坐 ③ 土 ④ 人)
(2) 潮 - (① 氵 ② 朝 ③ 月 ④ 肉)
(3) 周 - (① 冂 ② 土 ③ 口 ④ 周)
(4) 宗 - (① 宗 ② 宀 ③ 示 ④ 二)

❿ 다음 漢字語의 뜻을 쓰세요.

(1) 條件 :   (2) 宗家 :
(3) 自尊心 :   (4) 服從 :

⓫ 다음 漢字의 略字(획수를 줄인 漢字)를 쓰세요.

(1) 條 - (   )   (2) 從 - (   )

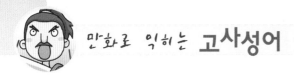

兎 토끼 토   死 죽을 사   狗 개 구   烹 삶을 팽

兎死狗烹은 한신의 말에서 유래되어 쓸모가 있을 때는 귀하게 쓰이다가 필요가 없어지면 헌신짝처럼 버린다는 뜻으로 쓰이게 되었다.

이보게 친구. 자네가 죽어줘야 겠구만.

─ 한신
─ 종리매

종리매라는 항우의 부하가 한신과 더불어 살고 있는 것을 알고 유방이 크게 화를 내자,

무.... 무엇이?

유방이 초나라를 치지 않는 것은 자네 곁에 내가 있기 때문이네. 그런데 나를 죽이려 한 다면 스스로 죽어 주겠네.

그러나 너도 같이 죽게 될 것이다.

여봐라. 저 배반자를 당장 체포하거라.

한신이 종리매의 목을 베어 유방을 찾아가자,

아니 폐하!

날쌘 토끼가(兎) 죽으니 (死) 개는(狗)삶아지게 (烹) 되고, 나는 새가 떨어지니 좋은 활이 필요 없고 적국을 멸망시키니 지혜로운 신하는 버림을 받는구나.

고조 유방은 한신을 회음후로 좌천시키고 주거를 도읍인 장안으로 제한하였다.

✎ 아래의 풀이에 알맞은 한자를 쓰세요.

				①						
②金		玉		③		動	④	合		
⑤				⑥類						
⑦		之	秋							
					⑧近	⑨			赤	
		⑩白	衣							

▶ **가로 열쇠**

② 금이나 옥처럼 귀중한 규범이나 교훈
③ 임금 노동자가 스스로의 근로조건 유지개선이나 지위향상을 위해 결성하는 단체
⑦ 존속과 멸망, 삶과 죽음이 결정되는 긴박한 때
⑧ 붉은 것을 가까이하는 사람은 붉어진다
⑩ 벼슬이 없이 군대를 따라 전장으로 감

▼ **세로 열쇠**

① 굳게 믿어 지키고 있는 생각
④ 여러 부품을 하나의 구조물로 짜 맞춤
⑤ 죽지 않고 살거나 살아 남는 것
⑥ 같은 무리끼리 서로 내왕하며 사귐
⑨ 중국 남송의 주희가 대성한 유학설

4급 한자능력검정시험

	酒 술 주		竹 대 죽
	準 준할 준		衆 무리 중
	增 더할 증		證 증거 증
	支 지탱할 지		至 이를 지
	志 뜻 지		持 가질 지
	指 가리킬 지		智 지혜 슬기 지

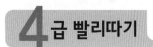

월　　일　이름:　　　　　　확인:

✏️ 다음 한자의 훈음을 알아 보고 빈 칸에 알맞게 쓰세요.

훈 술　음 주(:)

酒

氵(물 수)와 酉(닭 유)가 합쳐진 것이다. 술통의 모양을 본떠 만들어 '술'을 뜻한다.

훈 대　음 죽

竹

두 줄기의 '대나무'의 모습을 본뜬 글자이다.

酉부수 총 10획	酒酒酒酒酒酒酒酒酒酒

酒

술 주

酒	酒	酒	酒	酒	酒	酒
술 주						

어휘 : 酒量(주량)　酒幕(주막)
사자성어 : 斗酒不辭(두주불사) – 말술을 사양하지 않고 마심. 즉 주량이 매우 큼.

竹부수 총 6획	竹竹竹竹竹竹

竹

대 죽

竹	竹	竹	竹	竹	竹	竹
대 죽						

어휘 : 竹簡(죽간)　竹細工(죽세공)
사자성어 : 竹馬故友(죽마고우) – 어릴 때부터 친한 벗.

✎ 다음 한자의 훈음을 알아 보고 빈 칸에 알맞게 쓰세요.

훈 준할   음 준:

水(물 수)가 뜻부분, 隼(송골매 준)이 음부분이다. 본래 수형을 재는 기구인 수준기를 뜻하다가 **'법도, 표준'**을 뜻하게 되었다.

훈 무리   음 중:

血(目:눈 목)과 人(사람 인) 세 개가 합쳐진 것이다. 감독하는 사람의 눈초리 밑에서 일하던 노예들의 모습을 나타낸 것으로, **'무리'**를 뜻한다.

氵(水)부수 총 13획

準 準 準 準 準 準 準 準 準 準 準

準

준할 준

약자
准

어휘 : 準據(준거) 水準(수준) 基準(기준)

血부수 총 12획

衆 衆 衆 衆 衆 衆 衆 衆 衆 衆 衆

衆

무리 중

어휘 : 衆生(중생) 大衆(대중)
사자성어 : 衆口難防(중구난방) – 뭇 사람들의 입을 막기가 어렵다는 뜻.

월   일   이름: 확인:

✏️ 다음 한자의 훈음을 알아 보고 빈 칸에 알맞게 쓰세요.

훈 더할   음 증

土(흙 토)가 뜻부분, 曾(포갤 증)이 음부분이다. 흙을 거듭 쌓는다는데서, '**더하다, 늘리다**' 등을 뜻한다.

훈 증거   음 증

言(말씀 언)이 뜻부분, 登(오를 등)이 음부분이다. 고발할 때에는 증거가 필요했기에 '**증거, 증명하다**' 라는 뜻으로 사용됐다.

土부수 총 15획

增 增 增 增 增 增 增 增 增 增 增 增

增	增	增	增	增	增	增
						약자
더할 증						增

| 더할 증 | | 더할 증 | | | | |

| 어휘 : 增進(증진) 增設(증설) | 상대반의어 : 減(덜 감) 유의어 : 加(더할 가) |

言부수 총 19획

證 證 證 證 證 證 證 證 證 證 證 證 證

證	證	證	證	證	證	證
						약자
증거 증						証

| 증거 증 | | 증거 증 | | | | |

| 어휘 : 證據(증거) 反證(반증) 證明(증명) |

✏️ 다음 한자의 훈음을 알아 보고 빈 칸에 알맞게 쓰세요.

훈 지탱할   음 지

훈 이를   음 지

대나무 가지(十)를 손(又)으로 받치고 있는 모습을 본떠서, '**지탱하다**' 를 뜻한다.

원래 화살 시(矢)가 거꾸로 된 것과 목표 지점을 가리키는 일(一)로 이루어진 글자이다. '**이르다, 도달하다**' 를 뜻한다.

支부수 총 4획							支 支 步 支
支 지탱할 **지**	支	支	支	支	支	支	支
	지탱할 지						

어휘 : 支持(지지) 支給(지급)   상대반의어 : 收(거둘 수)

至부수 총 6획							至 至 至 至 至 至
至 이를 **지**	至	至	至	至	至	至	至
	이를 지						

사자성어 : 至誠感天(지성감천) – 지극한 정성으로 일을 하면 좋은 결과를 맺음.   유의어 : 到(이를 도), 極(극진할 극)
自初至終(자초지종) – 처음부터 끝까지의 동안이나 과정.   상대반의어 : 自(부터 자)

📝 다음 한자의 훈음을 알아 보고 빈 칸에 알맞게 쓰세요.

훈뜻   음지

心(마음 심)이 뜻부분, 止(그칠 지)가 음부분이다. 士(선비 사)는 止의 변형이다. **'마음, 뜻'**을 나타낸다.

훈가질   음지

手(손 수)가 뜻부분, 寺(절 사)가 음부분이다. 손으로 잡아 소유한다는 뜻에서 **'가지다, 돕다'** 등을 뜻한다.

心부수 총 7획   志志志志志志志

志

뜻 **지**

	志	志	志	志	志	志	志
뜻 지							

┃어휘 : 志士(지사) 意志(의지)   ┃유의어 : 意(뜻 의)

扌(手)부수 총 9획   持持持持持持持持持

持

가질 **지**

	持	持	持	持	持	持	持
가질 지							

┃어휘 : 持論(지론) 持久力(지구력)   ┃모양이 비슷한 한자 : 侍(모실 시), 待(기다릴 대), 特(특별할 특)

✏️ 다음 한자의 훈음을 알아 보고 빈 칸에 알맞게 쓰세요.

훈 가리킬   음 지

훈 지혜/슬기   음 지

手(손 수)가 뜻부분, 旨(맛있을 지)가 음부분이다. '손가락, 가리키다' 등을 뜻한다.

知(알 지)가 음부분, 日(해 일)이 뜻부분이다. 남이 사리를 밝게(日) 안다(知)하여 '슬기, 지혜'를 뜻한다.

扌(手)부수 총 9획

指 指 指 指 指 指 指 指 指

指 指 指 指 指 指 指 指

指
가리킬 **지**

어휘 : 指向(지향) 指定(지정) 指目(지목)

日부수 총 12획

智 智 智 智 智 智 智 智 智 智 智 智

智 智 智 智 智 智 智

智
지혜
슬기 **지**

어휘 : 智略(지략) 機智(기지)
사자성어 : 仁義禮智(인의예지) – 사람으로서 갖추어야 할 네 가지 마음가짐.

※ 다음 글을 읽고 물음에 답하시오.(❶~❷)

사람은 비인격적 힘의 익명적 權威⁽¹⁾로부터 지배⁽⁵⁾를 받아도 안된다. 사람을 위하지 않는 모든 제도⁽⁶⁾, 運動, 사상⁽⁷⁾, 세력 등은 무의미하다. 사람의 생명까지도 위협하는 전쟁, 공해⁽⁸⁾, 불안, 긴장 등을 산출하는 물량 變化⁽²⁾를 오로지 발전으로 착각하는 지적 풍토를 바꿔서 모든 가치의 구심점을 인간 존엄과 행복⁽⁹⁾, 그리고 문화창조와 인류사회의 평화에 두어야 한다.

물량이 지배하는 현대기술사회에서 가장 시급⁽¹⁰⁾한 課題⁽³⁾가 인간의 주체성 확립에 있다. 따라서 기술⁽¹¹⁾ 문명이 인간을 奉事⁽⁴⁾하는 인간을 위한 인간의 참된 사회를 회복하는 데에 새 지표가 세워져야 한다.

인간회복의 최고의 가치는 평화에 기초한 인간행복과 문화창조 및 인류 전체의 복리증진에 이념⁽¹²⁾을 두어야 한다. 좀더 나아가 참 인생을 맛보며, 아름답게, 멋있게, 값있게, 훌륭하게, 보람있게, 살아가는 행복한 인생의 가치를 창달할 수 있도록 하는 데 목적을 두어야 한다.

❶ 윗글에서 밑줄 친 漢字語 (1)~(4)의 讀音을 쓰세요.

(1) 權威　(　　) 　(2) 變化　(　　)
(3) 課題　(　　) 　(4) 奉事　(　　)

❷ 윗 글에서 밑줄 친 漢字語 (5)~(12)를 漢字로 쓰세요.

(5) 지배　(　　) 　(6) 제도　(　　)
(7) 사상　(　　) 　(8) 공해　(　　)
(9) 행복　(　　) 　(10) 시급　(　　)
(11) 기술　(　　) 　(12) 이념　(　　)

❸ 다음 漢字語의 讀音을 쓰세요.

(1) 指向　(　　) 　(2) 酒案　(　　)
(3) 衆智　(　　) 　(4) 保證　(　　)
(5) 三國志　(　　) 　(6) 酒量　(　　)

(7) 準用　　（　　　　）　　(8) 證明　　（　　　　）

(9) 持參　　（　　　　）　　(10) 飮酒　　（　　　　）

(11) 酒類　　（　　　　）　　(12) 增減　　（　　　　）

(13) 公衆　　（　　　　）　　(14) 竹簡　　（　　　　）

(15) 增設　　（　　　　）　　(16) 觀衆　　（　　　　）

(17) 增員　　（　　　　）　　(18) 支店　　（　　　　）

(19) 基準　　（　　　　）　　(20) 智略　　（　　　　）

(21) 平準　　（　　　　）　　(22) 至誠　　（　　　　）

(23) 意志　　（　　　　）　　(24) 準則　　（　　　　）

(25) 增稅　　（　　　　）　　(26) 群衆　　（　　　　）

❹ 다음 漢字의 訓과 음을 쓰세요.

(1) 智　　（　　　　）　　(2) 持　　（　　　　）

(3) 準　　（　　　　）　　(4) 酒　　（　　　　）

(5) 增　　（　　　　）　　(6) 指　　（　　　　）

(7) 支　　（　　　　）　　(8) 衆　　（　　　　）

❺ 다음 訓과 음에 맞는 漢字를 쓰세요.

(1) 이를 지　（　　　　）　　(2) 대 죽　　（　　　　）

(3) 지탱할 지（　　　　）　　(4) 무리 중　（　　　　）

(5) 뜻 지　　（　　　　）　　(6) 증거 증　（　　　　）

❻ 다음 漢字와 뜻이 상대 또는 반대되는 漢字를 써서 漢字語를 만드세요.

例　　江 – （ 山 ）

(1) 增 – （　　　　）　　　　(2) 收 – （　　　　）

(3) 自 – （　　　　）

❼ 다음 漢字와 뜻이 비슷한 漢字를 써서 漢字語를 만드세요.

> 例   河 – (川)

(1) 增 – (   )   (2) 至 – (   )

(3) 意 – (   )   (4) 群 – (   )

❽ 다음 漢字語의 (   ) 속에 알맞은 漢字를 쓰세요.

> 例   見(物)生心 : 실물을 보면 욕심이 생김

(1) (   )馬故友 : 어릴 때부터 친한 벗

(2) (   )誠感天 : 지극한 정성으로 일을 하면 좋은 결과를 맺는다

(3) (   )口難防 : 뭇 사람들의 입을 막기가 어렵다는 뜻

(4) 自初(   )終 : 처음부터 끝까지의 동안이나 과정

❾ 다음 漢字의 部首로 맞는 것을 골라 그 番號를 쓰세요.

(1) 至 – (① 一 ② 厶 ③ 土 ④ 至)

(2) 準 – (① 氵 ② 隹 ③ 十 ④ 淮)

(3) 智 – (① 矢 ② 口 ③ 日 ④ 知)

(4) 支 – (① 十 ② 又 ③ 支 ④ 一)

❿ 다음 漢字語의 뜻을 쓰세요.

(1) 至極 :   (2) 飮酒 :

(3) 衆論 :   (4) 指向 :

⓫ 다음 漢字의 略字(획수를 줄인 漢字)를 쓰세요.

(1) 證 – (   )   (2) 實 – (   )

(3) 準 – (   )   (4) 增 – (   )

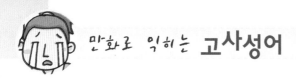

風 바람 풍 樹 나무 수 之 어조사 지 歎 탄식할 탄

風樹之歎은 자식이 부모께 효도를 하려해도 부모는 기다려주지 않는다는 뜻으로 효도할 기회를 잃은 자식의 탄식을 의미한다.

공자가 자신의 뜻을 펴기 위해 이 나라 저 나라를 떠돌 때 고어라는 사람이 울고 있었다.

흑흑흑

一공자

아니 무슨 이유로 그리 슬피 우는가?

저는 공부한다는 이유로 집을 떠났는데 고향에 돌아가 보니 부모님이 이미 세상을 떠났습니다.

흑흑

허어...

나무는 가만히 있으려고 하여도 바람이 그치질 않고(樹欲靜而風不止) 자식이 봉양을 하려 하여도 부모는 기다려 주지 않으니 저는 이대로 서서 말라 죽으려 합니다.

이 말을 마음 속에 깊이 새겨 두어라. 훈계로 삼을 만하지 않느냐.

공자는 제자들에게 일러 말하였다.

✎ 아래의 풀이에 알맞은 한자를 쓰세요.

			①						
						②公	③		德
		藝							
		品		④					
⑤至			⑥	國		防		⑦	
高								鹿	
⑧		感		貫					

▶ 가로 열쇠

① 어릴 때부터 친한 벗
② 여러 사람이 사회 생활을 하면서 지켜야 할 덕의
⑥ 중국 진나라 학자 陳壽(진수)가 편찬한 위촉오 삼국의 正史(정사)
⑧ 지극한 정성으로 일을 하면 좋은 결과를 맺는다

▼ 세로 열쇠

① 대나무로 하는 공예품
③ 뭇 사람들의 입을 막기가 어렵다는 뜻
④ 처음 세운 뜻을 이루려고 끝까지 밀고 나감
⑤ 더할 수 없이 높고 순수함
⑦ 윗 사람을 농락하여 권세를 부림

4급 한자능력검정시험
4과정

 誌 기록할 지

 職 직분 직

織 짤 직

 珍 보배 진

 眞 참 진

陣 진칠 진

進 나아갈 진

盡 다할 진

次 버금 차

差 다를 차

讚 기릴 찬

 察 살필 찰

創 비롯할 창

採 캘 채

 冊 책 책

 處 곳 처

월   일   이름: 확인:

✏️ 다음 한자의 훈음을 알아 보고 빈 칸에 알맞게 쓰세요.

훈 기록할   음 지

言(말씀 언)이 뜻부분, 志(뜻 지)가 음부분이다. 말로 뜻을 나타낸다는데서, '**기록하다**'를 뜻한다.

훈 직분   음 직

耳(귀 이)가 뜻부분이다. 귀로 말을 잘 알아들은 다음 일을 해야 한다는데서, '**일, 직분**'을 뜻한다.

言부수 총 14획	誌誌誌誌誌誌誌誌誌誌誌誌誌誌

誌

기록할 **지**

誌	誌	誌	誌	誌	誌	誌
기록할 지						

| 어휘 : 校誌(교지) 日誌(일지) 雜誌(잡지) |

耳부수 총 18획	職職職職職職職職職職職職職職

職

직분 **직**

職	職	職	職	職	職	職
직분 직						

| 어휘 : 職權(직권) 職務(직무) | | 모양이 비슷한 한자 : 織(짤 직) |

✏️ 다음 한자의 훈음을 알아 보고 빈 칸에 알맞게 쓰세요.

훈짤　음직

훈보배　음진

糸(실 사)가 뜻부분으로, 실로 베를 **'짠다'**는 뜻이다.

玉(구슬 옥)이 뜻부분이다. 옥은 진귀하고 귀중하다는데서, **'보배'**를 뜻한다.

糸부수 총 18획　　　織 織 織 織 織 織 織 織 織 織 織 織 織

織

짤 **직**

| 어휘 : 織物(직물) 組織(조직) | 모양이 비슷한 한자 : 職(직분 직) |

王(玉)부수 총 9획　　　珍 珍 珍 珍 珍 珍 珍 珍

珍

보배 **진**

약자

玜

어휘 : 珍味(진미) 珍品(진품)　　　유의어 : 寶(보배 보)

사자성어 : 山海珍味(산해진미) – 산과 바다의 온갖 산물로 차린 음식.

✍️ 다음 한자의 훈음을 알아 보고 빈 칸에 알맞게 쓰세요.

眞

참

거짓

훈 참   음 진

본래 숟가락(匕)으로 솥(鼎) 안을 가득 채우다는 뜻이었는데 **'참'** 이라는 뜻으로 사용되었다.

陣

훈 진칠   음 진

阜(언덕 부)와 車(수레 거)가 합쳐진 것이다. 언덕 위에 병거(兵車)를 배치한 모습에서 **'진치 다'** 를 뜻한다.

目부수 총 10획	眞眞眞眞眞眞眞眞眞眞

眞

참 **진**

어휘 : 眞談(진담) 眞面目(진면목)	상대반의어 : 僞(거짓 위 : 3급), 假(거짓 가)

阝(阜)부수 총 10획	陣陣陣陣陣陣陣陣陣陣

陣

진칠 **진**

어휘 : 陣營(진영) 背水陣(배수진) 出陣(출진)

월   일   이름: 확인:

✏️ 다음 한자의 훈음을 알아 보고 빈 칸에 알맞게 쓰세요.

훈 나아갈   음 진:

辶(쉬엄쉬엄갈 착)과 隹(새 추)가 합쳐진 것이다. 새가 날아가는 모습에서, **'나아가다'** 라는 뜻을 나타내었다.

훈 다할   음 진:

聿(붓 율)과 皿(그릇 명)이 합쳐진 것이다. 그릇을 티끌 하나 없게 닦는다는데서 **'다하다'** 를 뜻한다.

辶(辵)부수 총 12획

進 佳 佳 亻 亻 作 隹 進 進 進 進 進

進

進 進 進 進 進 進 進

나아갈 **진**

나아갈 진

어휘 : 進路(진로) 進度(진도)
사자성어 : 進退兩難(진퇴양난) – 이러기도 저러기도 어려운 매우 난처한 처지에 놓여 있음.

유의어 : 就(나아갈 취)
상대반의어 : 退(물러날 퇴)

皿부수 총 14획

盡 盡 盡 盡 盡 盡 盡 盡 盡 盡 盡 盡 盡 盡

盡

盡 盡 盡 盡 盡 盡 盡

약자

尽

다할 **진**

다할 진

성어 : 苦盡甘來(고진감래) – 고생 끝에 즐거움이 옴.
　　　盡人事待天命(진인사대천명) – 무슨 일이나 있는 힘을 다하여 노력하여야 한다는 뜻.

✏️ 다음 한자의 훈음을 알아 보고 빈 칸에 알맞게 쓰세요.

次

훈 버금　음 차

二(두 이)와 欠(하품 흠)이 합쳐진 것이다. 한 사람이 하품을 하면 꼭 옆사람이 다음으로 한다는데서 '버금, 순서' 등을 뜻한다.

差

훈 다를　음 차

손에 잡은 이삭이 고르지 못한 모습을 나타낸 글자로 '다르다, 어긋나다' 등을 뜻한다.

欠부수 총 6획　　　　　　　次次次次次次

次

버금 **차**　　버금 차

어휘 : 次席(차석) 行次(행차)　　　　　　유의어 : 副(버금 부)

工부수 총 10획　　　　差差差差差差差差差差

差

다를 **차**　　다를 차

어휘 : 差別(차별) 差異(차이)　　　　　상대반의어 : 同(같을 동)
사자성어 : 千差萬別(천차만별) - 차이와 구별이 아주 많음.　유의어 : 異(다를 이)

✏️ 다음 한자의 훈음을 알아 보고 빈 칸에 알맞게 쓰세요.

讚

훈 기릴   음 찬:

言(말씀 언)이 뜻부분, 贊(도울 찬)이 음부분이다. 말로 다른 사람을 도와 준다는데서, **'칭찬하다'**를 뜻한다.

察

훈 살필   음 찰

宀(집 면)이 뜻부분, 祭(제사 제)가 음부분이다. 제사 지내기 전에 제수에 이상이 없는지 잘 **'살피다'**는 뜻을 나타내었다.

言부수 총 26획	言 讚 讚 讚 讚 讚 讚 讚 讚 讚

讚

기릴 **찬**

讚	讚	讚	讚	讚	讚	讚
讚						

어휘 : 禮讚(예찬) 讚辭(찬사) | 유의어 : 稱(칭찬할 칭)
사자성어 : 自畵自讚(자화자찬) – 제 일을 제 스스로 자랑함.

宀부수 총 14획	察 察 察 察 察 察 察 察 察 察 察 察

察

살필 **찰**

察	察	察	察	察	察	察
察						

어휘 : 觀察(관찰) 診察(진찰) | 유의어 : 視(볼 시), 觀(볼 관)

✏️ 다음 한자의 훈음을 알아 보고 빈 칸에 알맞게 쓰세요.

훈 비롯할　음 창:

刀(칼 도)가 뜻부분, 倉(곳집 창)이 음부분이다. '비롯하다, 시작하다'를 뜻한다.

훈 캘　음 채:

手(손 수)가 뜻부분, 采(캘 채)가 음부분이다. 원래는 采가 '캐다'라는 뜻이었는데, 扌를 덧붙여 뜻을 강조하였다.

刂(刀)부수 총 12획　　　創 創 創 創 創 創 創 創 創 倉 創 創

創

創	創	創	創	創	創	創

비롯할 **창**　　비롯할 창

어휘 : 創立(창립) 獨創(독창)　　　　　　　　　　유의어 : 始(비로소 시)

扌(手)부수 총 11획　　　採 採 採 採 採 採 採 採 採 採 採

採

採	採	採	採	採	採	採

캘 **채**　　캘 채

어휘 : 採取(채취) 採擇(채택) 特採(특채)

✏️ 다음 한자의 훈음을 알아 보고 빈 칸에 알맞게 쓰세요.

훈 책   음 책

훈 곳   음 처:

대쪽을 엮은 것을 본뜬 글자이다. 옛날에는 종이가 없어서 대쪽을 발처럼 엮어서 **'책'**을 만들어 썼다. ※册으로 쓰기도 한다.

'**곳, 장소**' 등을 뜻한다.

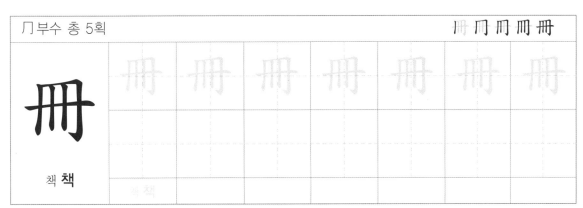

刀부수 총 5획						冊 冂 冂 冊 冊
冊 책 **책**	冊	冊	冊	冊	冊	冊

| 어휘 : 冊房(책방) 冊床(책상) 空冊(공책)

虍부수 총 11획						處 處 處 處 處 處 處 處 處 處 處
處 곳 **처**	處	處	處	處	處	處
						약자 **処**

| 어휘 : 處理(처리) 居處(거처) | 유의어 : 所(곳 소)

1 다음 漢字語의 讀音을 쓰세요.

(1) 創建 (　　　　)   (2) 眞理 (　　　　)

(3) 監察 (　　　　)   (4) 處所 (　　　　)

(5) 職業 (　　　　)   (6) 差別 (　　　　)

(7) 本誌 (　　　　)   (8) 洞察 (　　　　)

(9) 次席 (　　　　)   (10) 職務 (　　　　)

(11) 誌面 (　　　　)   (12) 組織 (　　　　)

(13) 職員 (　　　　)   (14) 雜誌 (　　　　)

(15) 陣營 (　　　　)   (16) 採集 (　　　　)

(17) 出陣 (　　　　)   (18) 進級 (　　　　)

(19) 求職 (　　　　)   (20) 珍妙 (　　　　)

(21) 純眞 (　　　　)   (22) 織物 (　　　　)

(23) 珍味 (　　　　)   (24) 創立 (　　　　)

(25) 冊床 (　　　　)   (26) 觀察 (　　　　)

2 다음 漢字의 訓과 音을 쓰세요.

(1) 採 (　　　　)   (2) 職 (　　　　)

(3) 冊 (　　　　)   (4) 珍 (　　　　)

(5) 眞 (　　　　)   (6) 次 (　　　　)

(7) 進 (　　　　)   (8) 盡 (　　　　)

(9) 誌 (　　　　)   (10) 差 (　　　　)

(11) 讚 (　　　　)   (12) 察 (　　　　)

(13) 處 (　　　　)   (14) 陣 (　　　　)

(15) 織 (　　　　)   (16) 創 (　　　　)

③ 다음 漢字語를 漢字로 쓰세요.

(1) 극찬(매우 칭찬하는 것)

(2) 직무(직업상의 임무)

(3) 진리(언제 어디서나 누구든지 승인할 수 있는 보편 타당한 법칙이나 사실)

(4) 진로(① 움직이는 물체나 사람이 앞으로 나아가는 길

　　　　② 미래에 이루고자 하는 삶의 목적이나 방향)

(5) 진력(어떤 일에 있는 힘을 다하는 것)

(6) 장차(다가올 미래의 어느 때)

(7) 찬미(아름다운 것을 기리어 칭송하는 것)

(8) 채집(어떤 대상을 널리 찾아서 모으는 것)

(9) 선처(어떤 문제를 좋은 방향으로 잘 처리하는 것)

(10) 직물(씨와 날을 직기에 걸어 짠 물건의 총칭)

④ 다음 訓과 音에 맞는 漢字를 쓰세요.

(1) 곳 처	( )	(2) 직분 직	( )
(3) 캘 채	( )	(4) 보배 진	( )
(5) 참 진	( )	(6) 살필 찰	( )
(7) 버금 차	( )	(8) 다할 진	( )

⑤ 다음 漢字와 뜻이 상대 또는 반대되는 漢字를 써서 漢字語를 만드세요.

例　江 - (山)

(1) 眞 - ( )　　　　　(2) 明 - ( )

(3) 君 - ( )　　　　　(4) 師 - ( )

⑥ 다음 漢字와 뜻이 비슷한 漢字를 써서 漢字語를 만드세요.

例　河 - (川)

(1) 珍 - ( )　　　　　(2) 副 - ( )

(3) 稱 - ( )　　　　　(4) 處 - ( )

❼ 다음 漢字語의 (　　) 속에 알맞은 漢字를 쓰세요.

(1) 苦(　　)甘來 : 고생 끝에 즐거움이 옴

(2) 自畫自(　　) : 제 일을 제 스스로 자랑함

(3) 山海(　　)味 : 산과 바다의 온갖 산물로 차린 음식

(4) (　　)人事待天命 : 무슨 일이나 있는 힘을 다하여 노력하여야 한다는 뜻

❽ 다음 漢字의 部首로 맞는 것을 골라 그 番號를 쓰세요.

(1) 差 - (① 羊　② ノ　③ 工　④ 差)

(2) 珍 - (① 玉　② 入　③ 彡　④ 珍)

(3) 次 - (① 冫　② 欠　③ 次　④ 人)

(4) 眞 - (① 匕　② 目　③ 八　④ 眞)

❾ 다음 漢字와 소리는 같으나 뜻이 다른 漢字語를 쓰세요.

> 例　　山水 - (算數)

(1) 誌面 - (　　　　)　　　　　(2) 盡力 - (　　　　)

(3) 次等 - (　　　　)

❿ 다음 漢字語의 뜻을 쓰세요.

(1) 職員 :　　　　　　　　　　(2) 珍貴 :

(3) 差等 :　　　　　　　　　　(4) 居處 :

⓫ 다음 漢字의 略字(획수를 줄인 漢字)를 쓰세요.

(1) 處 - (　　　　)　　　　　　(2) 珍 - (　　　　)

(3) 盡 - (　　　　)　　　　　　(4) 惡 - (　　　　)

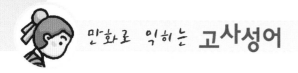

推_{밀퇴} 敲_{두드릴 고}

推敲는 가도의 고사에서 유래하여 글을 지을 때 어떤 단어를 선택할지를 여러 번 생각하여 고친다는 뜻으로 쓰인다.

가도(賈島)라는 사람이 과거를 보러가던 중에 시를 지었다.

고민 중에 나귀가 당시의 대문장가인 한유의 집에 들어가는 줄도 몰랐다. 한유가 그 시를 읊어 보더니 '두드린다'가 좋다고 하여 드디어 가도는 나귀의 고삐를 잡고 돌아갔다.

아래의 풀이에 알맞은 한자를 쓰세요.

① 自 畫 　 　 　 　 　 ② 氣 　
　 　 　 　 　 　 ③ 　 來
　 　 ④ 　 　 　 　 　
終 ⑤ 海 　 　 　 　 　
　 　 　 　 　 　 　 ⑥
　 軍 　 　 　 　 　 水
　 　 　 ⑦ 明 　 　
⑧ 一 亂 　 　 　 　

▶ 가로 열쇠
① 제 일을 제 스스로 자랑함
③ 고생 끝에 즐거움이 옴
⑤ 산과 바다의 온갖 산물로 차린 음식
⑦ 맑고 고요한 심경을 이르는 말
⑧ 질서나 체계 따위가 정연하여 조금도 흐트러진 데나 어지러운 데가 없음

▼ 세로 열쇠
① 처음부터 끝까지의 동안이나 과정
② 기운과 의지력이 다하여 스스로 가누지 못할 지경
④ 육군, 해군, 공군을 아울러 이르는 말
⑥ 물을 등지고 치는 진

부록

상대·반의어
한 쌍의 말 사이에 서로 공통되는
의미 요소가 있으면서 서로 반대되는
관계에 있는 한자입니다.

유의어
뜻이 비슷한 한자입니다.

모양이 비슷한 한자
모양은 비슷하지만
서로 다른 훈음을 지닌 한자입니다.

상대 반의어

월   일   이름: 확인:

📝 다음 상대 반의어를 읽어 보고 흐린 글자를 따라 쓰세요.

加減	加(더할 가) 減(덜 감)	더하거나 더는 일	加減
可否	可(옳을 가) 否(아닐 부)	옳고 그름의 여부	可否
干滿(戈)	干(방패 간, 밀물) 滿(가득할 만, 썰물) 戈(창 과)	밀물과 썰물 / 방패와 창	干滿(戈)
甘苦	甘(달 감) 苦(쓸 고)	단맛과 쓴맛	甘苦
江山	江(강 강) 山(메 산)	강과 산	江山
强弱	强(강할 강) 弱(약할 약)	강함과 약함	强弱
開閉	開(열 개) 閉(닫을 폐)	열고 닫음	開閉
去來	去(갈 거) 來(올 래)	가고 옴	去來
京鄉	京(서울 경) 鄉(시골 향)	서울과 시골	京鄉
輕重	輕(가벼울 경) 重(무거울 중)	가벼움과 무거움	輕重
苦樂	苦(괴로울 고) 樂(즐거울 락)	괴로움과 즐거움	苦樂
高低	高(높을 고) 低(낮을 저)	높고 낮음	高低
曲直	曲(굽을 곡) 直(곧을 직)	굽음과 곧음	曲直
公私	公(공평할 공) 私(사사로울 사)	공공의 일과 사사로운 일	公私
功過	功(공 공) 過(허물 과)	공과 허물, 잘잘못	功過
攻防	攻(칠 공) 防(막을 방)	적을 치는 일과 막는 일	攻防
攻守	攻(칠 공) 守(막을 수)	공격과 수비	攻守

상대 반의어

월   일   이름: 확인:

✍ 다음 상대 반의어를 읽어 보고 흐린 글자를 따라 쓰세요.

官民	官(벼슬 관) 民(백성 민)	관리와 국민	官民
君臣	君(임금 군) 臣(신하 신)	임금과 신하	君臣
起伏	起(일어날 기) 伏(엎드릴 복)	일어남과 엎드림	起伏
吉凶	吉(길할 길) 凶(흉할 흉)	길함과 흉함	吉凶
難易	難(어려울 난) 易(쉬울 이)	어려움과 쉬움	難易
南北	南(남녘 남) 北(북녘 북)	남쪽과 북쪽	南北
男女	男(사내 남) 女(계집 녀)	남자와 여자	男女
內外	內(안 내) 外(밖 외)	안과 밖	內外
多少	多(많을 다) 少(적을 소)	많고 적음	多少
單複	單(홑 단) 複(겹칠 복)	단수와 복수	單複
斷續	斷(끊을 단) 續(이을 속)	끊어졌다 이어졌다함	斷續
當落	當(마땅 당) 落(떨어질 락)	당선과 낙선	當落
大小	大(큰 대) 小(작을 소)	크고 작음	大小
東西	東(동녘 동) 西(서녘 서)	동쪽과 서쪽	東西
動靜	動(움직일 동) 靜(고요할 정)	움직임과 고요함	動靜
得失	得(얻을 득) 失(잃을 실)	얻음과 잃음	得失
來往	來(올 래) 往(갈 왕)	오고 감	來往

📖 다음 상대 반의어를 읽어 보고 흐린 글자를 따라 쓰세요.

老少	老(늙을 로) 少(젊을 소)	늙음과 젊음	老少
勞使	勞(일할 로) 使(부릴 사)	노동자와 사용자	勞使
利害	利(이로울 리) 害(해할 해)	이로움과 해로움	利害
離合	離(떠날 리) 合(합할 합)	헤어짐과 모임	離合
賣買	賣(팔 매) 買(살 매)	팔고 삼	賣買
明暗	明(밝을 명) 暗(어두울 암)	밝음과 어두움	明暗
問答	問(물을 문) 答(답할 답)	묻고 대답함	問答
文武	文(글월 문) 武(호반 무)	문관과 무관	文武
物心	物(만물 물) 心(마음 심)	물질과 정신	物心
班常	班(나눌 반) 常(항상 상)	양반과 상사람	班常
發着	發(필 발) 着(붙을 착)	출발과 도착	發着
本末	本(근본 본) 末(끝 말)	일의 처음과 끝	本末
夫婦	夫(지아비 부) 婦(아내 부)	남편과 아내	夫婦
貧富	貧(가난할 빈) 富(부유할 부)	가난함과 부유함	貧富
氷炭	氷(얼음 빙) 炭(숯 탄)	얼음과 숯	氷炭
死生	死(죽을 사) 生(날 생)	죽음과 삶	死生
師弟	師(스승 사) 弟(아우 제)	스승과 제자	師弟

상대 반의어

월   일   이름: 확인:

📖 다음 상대 반의어를 읽어 보고 흐린 글자를 따라 쓰세요.

山川	山(메 산) 川(내 천)	산과 내	山川
山河	山(메 산) 河(물 하)	산과 물	山河
山海	山(메 산) 海(바다 해)	산과 바다	山海
上下	上(윗 상) 下(아래 하)	위와 아래	上下
賞罰	賞(상 상) 罰(벌할 벌)	상과 벌	賞罰
先後	先(먼저 선) 後(뒤 후)	먼저와 나중	先後
善惡	善(착할 선) 惡(악할 악)	선과 악	善惡
成敗	成(이룰 성) 敗(패할 패)	성공과 실패	成敗
損益	損(덜 손) 益(더할 익)	덜고 더함	損益
送迎	送(보낼 송) 迎(맞을 영)	보내고 맞이함	送迎
授受	授(줄 수) 受(받을 수)	주고 받음	授受
水火	水(물 수) 火(불 화)	물과 불	水火
手足	手(손 수) 足(발 족)	손과 발	手足
收支	收(거둘 수) 支(지탱할 지)	수입과 지출	收支
順逆	順(순할 순) 逆(거스를 역)	순종과 거역	順逆
勝敗	勝(이길 승) 敗(패할 패)	이김과 패함	勝敗
勝負	勝(이길 승) 負(질 부)	이기고 짐	勝負

월   일   이름: 확인:

📧 다음 상대 반의어를 읽어 보고 흐린 글자를 따라 쓰세요.

始末	始(처음 시) 末(끝 말)	처음과 끝	始末
始終	始(처음 시) 終(끝 종)	처음과 끝	始終
是非	是(옳을 시) 非(그를 비)	옳고 그름	是非
新舊	新(새 신) 舊(옛 구)	새 것과 옛 것	新舊
心身	心(마음 심) 身(몸 신)	마음과 몸	心身
安危	安(편안 안) 危(위태로울 위)	편안함과 위태로움	安危
溫冷	溫(따뜻할 온) 冷(찰 냉)	따뜻함과 차가움	溫冷
言行	言(말씀 언) 行(행할 행)	말과 행동	言行
與野	與(더불 여) 野(들 야)	여당과 야당	與野
玉石	玉(구슬 옥) 石(돌 석)	옥과 돌. 좋은 것과 나쁜 것	玉石
往復	往(갈 왕) 復(회복할 복)	갔다가 돌아옴	往復
遠近	遠(멀 원) 近(가까울 근)	멀고 가까움	遠近
有無	有(있을 유) 無(없을 무)	있음과 없음	有無
恩怨	恩(은혜 은) 怨(원한 원)	은혜와 원한	恩怨
隱現	隱(숨을 은) 現(나타날 현)	숨었다 나타났다 함	隱現
陰陽	陰(그늘 음) 陽(볕 양)	음과 양	陰陽
異同	異(다를 이) 同(같을 동)	다른 것과 같은 것	異同

🔖 다음 상대 반의어를 읽어 보고 흐린 글자를 따라 쓰세요.

한자	독음	뜻	따라쓰기
因果	因(인할 인) 果(실과 과)	원인과 결과	因果
日月	日(날 일) 月(달 월)	해와 달	日月
姉妹	姉(손위누이 자) 妹(손아래누이 매)	손위 여자와 손아래 여자	姉妹
自至	自(~로 부터) 至(이를 지)	~에서 ~까지	自至
自他	自(스스로 자) 他(다를 타)	나와 남	自他
長短	長(긴 장) 短(짧을 단)	길고 짧음	長短
將兵	將(장수 장) 兵(병사 병)	장군과 병사	將兵
將卒	將(장수 장) 卒(병졸 졸)	장군과 병졸	將卒
前後	前(앞 전) 後(뒤 후)	앞과 뒤	前後
正誤	正(바를 정) 誤(그를 오)	옳음과 그름	正誤
朝夕	朝(아침 조) 夕(저녁 석)	아침과 저녁	朝夕
祖孫	祖(할아비 조) 孫(손자 손)	할아버지와 손자	祖孫
朝野	朝(아침 조) 野(들 야)	조정과 민간	朝野
存亡	存(있을 존) 亡(망할 망)	존속과 멸망	存亡
主客	主(주인 주) 客(손님 객)	주인과 손님	主客
主從	主(주인 주) 從(따를 종)	주인과 종자	主從
晝夜	晝(낮 주) 夜(밤 야)	낮과 밤	晝夜

월   일   이름: 확인:

🔵 다음 상대 반의어를 읽어 보고 흐린 글자를 따라 쓰세요.

進退	進(나아갈 진) 退(물러날 퇴)	나아감과 물러감	進退
集配	集(모을 집) 配(나눌 배)	우편물 등을 한 곳에 모아서 배달 함	集配
集散	集(모을 집) 散(흩어질 산)	모음과 흩어짐	集散
增減	增(더할 증) 減(덜 감)	더함과 감함	增減
初終	初(처음 초) 終(끝 종)	처음과 끝	初終
春秋	春(봄 춘) 秋(가을 추)	봄과 가을	春秋
豊凶	豊(풍년 풍) 凶(흉할 흉)	풍년과 흉년	豊凶
出缺	出(날 출) 缺(이지러질 결)	출석과 결석	出缺
出納	出(날 출) 納(들 납)	내줌과 받아들임	出納
海陸	海(바다 해) 陸(뭍 륙)	바다와 육지	海陸
虛實	虛(빌 허) 實(열매 실)	거짓과 진실, 공허와 충실	虛實
兄弟	兄(맏 형) 弟(아우 제)	형과 아우	兄弟
黑白	黑(검을 흑) 白(흰 백)	검정과 흰색	黑白
興亡	興(흥할 흥) 亡(망할 망)	흥함과 망함	興亡
喜怒	喜(기쁠 희) 怒(성낼 노)	기쁨과 성냄	喜怒
喜悲	喜(기쁠 희) 悲(슬플 비)	기쁨과 슬픔	喜悲

유의어

🖊 다음 유의어를 읽어 보고 흐린 글자를 따라 쓰세요.

歌曲	歌(노래 가) 曲(곡조 곡)	반주에 맞추어서 부르는 독창 성악곡	歌曲
歌謠	歌(노래 가) 謠(노래 요)	대중들이 부르는 노래	歌謠
監視	監(볼 감) 視(볼 시)	주의깊게 살피거나 지켜보는 것	監視
居住	居(살 거) 住(살 주)	일정한 곳에 자리잡고 사는 일	居住
健康	健(굳셀 건) 康(편안할 강)	몸이 병이 없이 좋은 기능을 가진 상태	健康
堅固	堅(굳을 견) 固(굳을 고)	굳고 튼튼하다	堅固
境界	境(지경 경) 界(지경 계)	지역이 구분되는 한계	境界
競爭	競(다툴 경) 爭(다툴 쟁)	같은 목적을 두고 서루 다투는 것	競爭
階段	階(섬돌 계) 段(층계 단)	층계	階段
計算	計(셈할 계) 算(셈할 산)	어떤 값이나 답을 구하기 위해 셈하는 것	計算
繼續	繼(이을 계) 續(이을 속)	끊지 않고 이어지게 하는 것	繼續
階層	階(섬돌 계) 層(층 층)	일정한 서열이나 단계	階層
孤獨	孤(외로울 고) 獨(홀로 독)	외로움	孤獨
考慮	考(생각할 고) 慮(생각할 려)	생각하여 헤아리는 것	考慮
空虛	空(빌 공) 虛(빌 허)	텅비어 쓸쓸하고 허전하다	空虛
攻擊	攻(칠 공) 擊(칠 격)	비난하거나 반대하여 나서는 것	攻擊
過去	過(지날 과) 去(갈 거)	이미 지나간 현재 이전의 시간	過去

월   일   이름: 확인:

📖 다음 유의어를 읽어 보고 흐린 글자를 따라 쓰세요.

過失	過(허물 과) 失(잃을 실)	실수나 부주의 등으로 인한 잘못	過失
過誤	過(허물 과) 誤(잘못 오)	도덕적 윤리적 잘못	過誤
果實	果(실과 과) 實(열매 실)	사람이 먹을 수 있는 나무의 열매	果實
敎訓	敎(가르칠 교) 訓(가르칠 훈)	올바른 도덕이나 규범을 가르치고 깨닫게 하는 것	敎訓
具備	具(갖출 구) 備(갖출 비)	빠짐없이 갖추는 것	具備
救濟	救(구원할 구) 濟(건널 제)	불행이나 재난을 만난 사람을 도와주는 것	救濟
極端	極(극할 극) 端(끝 단)	중용을 잃고 한쪽으로 치우치는 것	極端
根本	根(뿌리 근) 本(근본 본)	사물의 본질이나 본바탕	根本
技術	技(재주 기) 術(재주 술)	어떤 것을 잘 만들거나 고치거나 다루는 능력	技術
技藝	技(재주 기) 藝(재주 예)	기술상의 재주	技藝
年歲	年(해 년) 歲(해 세)	나이의 높임말	年歲
段階	段(층계 단) 階(층계 계)	일의 진행에 있어 그 수준에 따라 여럿으로 구분되는 각 과정	段階
斷絶	斷(끊을 단) 絶(끊을 절)	더 지속되지 않도록 끊는 것	斷絶
談話	談(말씀 담) 話(말씀 화)	서로 이야기를 주고 받는 것	談話
到達	到(이를 도) 達(이를 달)	이르러 닿는 것	到達
到着	到(이를 도) 着(붙을 착)	움직여 다다르는 것	到着
徒黨	徒(무리 도) 黨(무리 당)	사람들의 무리	徒黨

월   일   이름: 확인:

🖊 다음 유의어를 읽어 보고 흐린 글자를 따라 쓰세요.

道路	道(길 도) 路(길 로)	사람, 차 등이 다닐수 있도록 만든 비교적 넓은 길	道路
逃亡	逃(도망할 도) 亡(망할 망)	자기를 잡으려는 것을 피하여 다른 곳으로 가는 것	逃亡
逃避	逃(도망할 도) 避(피할 피)	도망하여 몸을 피하는 것	逃避
盜賊	盜(훔칠 도) 賊(도적 적)	남의 재물을 몰래 훔치거나 빼앗는 사람	盜賊
圖畫	圖(그림 도) 畫(그림 화)	그림, 도안	圖畫
末端	末(끝 말) 端(끝 단)	맨 끄트머리	末端
末尾	末(끝 말) 尾(꼬리 미)	어떤 것의 끝부분	末尾
滅亡	滅(멸할 멸) 亡(망할 망)	망하여 없어지는 것	滅亡
毛髮	毛(털 모) 髮(터럭 발)	사람의 머리털	毛髮
模範	模(법 모) 範(법 범)	본보기	模範
文章	文(글월 문) 章(글 장)	사고나 감정을 말로 표현할 때 완결된 내용을 나타내는 최소 단위	文章
法式	法(법 법) 式(법식 식)	법도와 양식	法式
法典	法(법 법) 典(법 전)	국가가 제정한 통일적 체계의 성문 규범	法典
兵士	兵(군사 병) 士(병사 사)	옛날 군인을 이르는 말	兵士
兵卒	兵(군사 병) 卒(병졸 졸)	옛날 군인을 이르는 말	兵卒
報告	報(알릴 보) 告(알릴 고)	지시 감독하는 사람에게 일의 결과나 내용을 글이나 말로 알리는 것	報告
保守	保(지킬 보) 守(지킬 수)	보전하여 지키는 것	保守

월   일   이름: 확인:

📖 다음 유의어를 읽어 보고 흐린 글자를 따라 쓰세요.

副次	副(버금 부) 次(버금 차)	두 번째	副次
批評	批(비평할 비) 評(평할 평)	사물의 미추, 선악, 장단, 시비를 평가하여 가치를 판단하는 것	批評
貧窮	貧(가난할 빈) 窮(곤할 궁)	가난하여 생활이 몹시 어려움	貧窮
思考	思(생각 사) 考(헤아릴 고)	생각하는 일	思考
思念	思(생각 사) 念(생각 념)	주의 깊게 생각하는 것	思念
思慮	思(생각 사) 慮(생각 려)	주의 깊게 생각하는 것	思慮
思想	思(생각 사) 想(생각 상)	사람이 품고 있는 생각이나 견해	思想
辭說	辭(말씀 사) 說(말씀 설)	지루하거나 짜증이 날만큼 길게 늘어 놓는 이야기	辭說
舍屋	舍(집 사) 屋(집 옥)	집	舍屋
舍宅	舍(집 사) 宅(집 택)	기업체나 기관에서 근무하는 사람들을 위하여 그 기업체나 기관에서 지어 놓은 살림집	舍宅
想念	想(생각 상) 念(생각 념)	마음 속에 품은 여러 가지 생각	想念
選別	選(고를 선) 別(다를 별)	어느것 가운데 따로 택하여 구분하는 것	選別
選擇	選(가릴 선) 擇(가릴 택)	가리어 택하는 것	選擇
素朴	素(본디 소) 朴(순박할 박)	꾸밈이나 거짓이 없이 있는 그대로	素朴
樹木	樹(나무 수) 木(나무 목)	식물로서 살아 있는 나무	樹木
純潔	純(순할 순) 潔(깨끗할 결)	순수하고 깨끗한 상태에 있는 것	純潔
崇高	崇(높일 숭) 高(높을 고)	숭엄하고 고상하다	崇高

유의어

월   일   이름: 확인:

🔵 다음 유의어를 읽어 보고 흐린 글자를 따라 쓰세요.

承繼	承(이을 승) 繼(이을 계)	이어받는 것	承繼
施設	施(베풀 시) 設(베풀 설)	베풀어 차리는 것	施設
始初	始(처음 시) 初(처음 초)	맨 처음	始初
試驗	試(시험할 시) 驗(시험할 험)	배운 지식이나 기술을 일정한 방법이나 절차에 따라 알아보는 일	試驗
申告	申(펼 신) 告(알릴 고)	상사나 회사 관청 등에 공적인 사실을 알리는 것	申告
身體	身(몸 신) 體(몸 체)	사람의 형상을 이루는 머리에서 발끝까지의 부분	身體
心情	心(마음 심) 情(뜻 정)	마음에 품은 생각과 감정	心情
眼目	眼(눈 안) 目(눈 목)	사물을 보고 분별하는 견식	眼目
言語	言(말씀 언) 語(말씀 어)	사상 감정을 나타내고 의사를 소통하기 위한 음성 문자 따위의 수단	言語
研究	研(갈 연) 究(궁구할 구)	깊이 있게 조사하고 생각하여 이치나 사실을 밝히는 것	研究
連絡	連(이을 련) 絡(이을 락)	서로 이어대는 것	連絡
連續	連(이을 련) 續(이을 속)	끊이지 않고 죽 잇거나 지속되는 것	連續
念慮	念(생각 념) 慮(생각 려)	여러 가지로 헤아려서 걱정하는 것	念慮
永遠	永(길 영) 遠(멀 원)	어떤 상태가 끝없이 이어지는 것	永遠
溫暖	溫(따뜻할 온) 暖(따뜻할 난)	날씨가 따뜻한 것	溫暖
怨恨	怨(원한 원) 恨(한 한)	원망스럽고 한이 되는 생각	怨恨
肉身	肉(고기 육) 身(몸 신)	사람의 몸	肉身

📝 다음 유의어를 읽어 보고 흐린 글자를 따라 쓰세요.

恩惠	恩(은혜 은) 惠(은혜 혜)	어떤 사람에게 베푸는 고마운 일	恩惠
音聲	音(소리 음) 聲(소리 성)	사람의 목에서 나오는 소리	音聲
議論	議(의논할 의) 論(의논할 론)	어떤 일에 대해 서로 의견을 주고 받는 것	議論
衣服	衣(옷 의) 服(옷 복)	옷을 문어적으로 이르는 말	衣服
意志	意(뜻 의) 志(뜻 지)	어떤 일을 해내거나 이루려는 마음의 상태나 작용	意志
姿態	姿(모양 자) 態(모양 태)	여자의 몸가짐과 맵시	姿態
財貨	財(재물 재) 貨(재화 화)	돈이나 그 밖의 값나가는 물건을 이르는 말	財貨
貯蓄	貯(쌓을 저) 蓄(쌓을 축)	소득 가운데서 쓰고 남은 부분을 따로 모아두는 일	貯蓄
戰爭	戰(싸움 전) 爭(다툴 쟁)	나라와 나라 또는 교전 단체가 무기를 이용하여 싸우는 일	戰爭
戰鬪	戰(싸움 전) 鬪(싸울 투)	직접 맞서거나 무기를 이용하여 싸우는 것	戰鬪
停留	停(머무를 정) 留(머무를 류)	멈추어 머무르는 것	停留
停止	停(머무를 정) 止(그칠 지)	움직임을 멈추는 것	停止
精誠	精(정할 정) 誠(정성 성)	어떤 일을 성실하게 하거나 이루려는 마음이나 태도	精誠
正直	正(바를 정) 直(곧을 직)	속이거나 숨김이 없이 참되고 바른 상태	正直
政治	政(정사 정) 治(다스릴 치)	통치자가 국민들의 이해 관계의 대립을 조정하고, 국가의 정책과 목적을 실현시키는 일	政治
帝王	帝(임금 제) 王(임금 왕)	황제와 국왕	帝王
製作	製(만들 제) 作(지을 작)	두뇌를 써서 어떤 기능과 내용을 가진 대상을 만드는 것	製作

유의어

월   일   이름: 확인:

💧 다음 유의어를 읽어 보고 흐린 글자를 따라 쓰세요.

製造	製(만들 제) 造(지을 조)	공장 등에서 큰 규모로 물건을 만드는 것	製造
調和	調(고를 조) 和(화할 화)	서로 고르게 잘 어울리는 것	調和
存在	存(있을 존) 在(있을 재)	실제로 있는 것	存在
尊重	尊(높일 존) 重(무거울 중)	높이고 중하게 여기는 것	尊重
終止	終(끝 종) 止(그칠 지)	끝마쳐 그치는 것	終止
住居	住(살 주) 居(살 거)	일정한 곳에 자리를 잡고 머물러 사는 것	住居
朱紅	朱(붉을 주) 紅(붉을 홍)	주황과 빨강의 중간색	朱紅
增加	增(더할 증) 加(더할 가)	더 늘어서 많아지는 것	增加
至極	至(이를 지) 極(극할 극)	더없이 극진하다	至極
知識	知(알 지) 識(알 식)	어떤 대상을 연구하거나 배우거나 또는 실천을 통해 얻은 명확한 인식이나 이해	知識
進就	進(나아갈 진) 就(나아갈 취)	적극적으로 나아가서 이룩하는 것	進就
珍寶	珍(보배 진) 寶(보배 보)	진귀한 보배	珍寶
參與	參(참여할 참) 與(더불 여)	공적인 일이나 사회적인 일에 관계하여 도움이 되는 일을 하는 것	參與
處所	處(곳 처) 所(곳 소)	거처하는 곳	處所
聽聞	聽(들을 청) 聞(들을 문)	널리 퍼져 있는 소문	聽聞
蓄積	蓄(쌓을 축) 積(쌓을 적)	모아서 쌓는 것	蓄積
趣意	趣(뜻 취) 意(뜻 의)	어떤 일에 담겨있는 목적이나 의의나 취지	趣意

월   일   이름: 확인:

🔖 다음 유의어를 읽어 보고 흐린 글자를 따라 쓰세요.

層階	層(층 층) 階(섬돌 계)	집의 층 사이를 오르내리기 위한 계단	層階
稱頌	稱(칭할 칭) 頌(기릴 송)	칭찬하여 기리는 일	稱頌
稱讚	稱(칭할 칭) 讚(기릴 찬)	좋거나 훌륭하다고 말하거나 평가하는 것	稱讚
打擊	打(때릴 타) 擊(칠 격)	때리거나 쳐서 움직이게 하는 것	打擊
討伐	討(칠 토) 伐(칠 벌)	무력으로 쳐 없애는 것	討伐
退去	退(물러갈 퇴) 去(갈 거)	물러가는 것	退去
鬪爭	鬪(싸울 투) 爭(다툴 쟁)	이기거나 극복하기 위하여 어떤 대상과 싸우는 것	鬪爭
河川	河(물 하) 川(내 천)	강과 내를 아울러 일컫는 말	河川
河海	河(물 하) 海(바다 해)	큰 강과 바다	河海
寒冷	寒(찰 한) 冷(찰 랭)	춥고 찬 것	寒冷
幸福	幸(다행 행) 福(복 복)	사람이 생활 속에서 기쁘고 즐겁고 만족하는 상태에 있는 것	幸福
顯現	顯(나타날 현) 現(나타날 현)	명백하게 나타내거나 나타나는 것	顯現
歡喜	歡(기쁠 환) 喜(기쁠 희)	즐겁고 기쁨	歡喜
皇帝	皇(임금 황) 帝(임금 제)	여러 나라를 다스리는 강한 나라의 군주	皇帝
希望	希(바랄 희) 望(바랄 망)	이루거나 얻고자 바라는 것	希望

월   일   이름: 확인:

다음 漢字를 읽어 보고 알맞은 訓이나 音을 쓰세요.

1.
街 _____ 가
假 _____ 가
暇 겨를 가

2.
干 방패 _____
千 일천 _____
于 어조사 우

3.
甲 갑옷 _____
申 납 _____
由 말미암을 _____

4.
城 _____ 성
盛 _____ 성
誠 _____ 성

5.
官 벼슬 _____
管 대롱, 주관할 _____

6.
券 _____ 권
卷 _____ 권

7.
博 넓을 박
傳 _____

8.
復 회복할 복
複 _____

9.
射 _____ 사
謝 _____ 사

10.
非 아닐 _____
悲 _____ 비

다음 漢字를 읽어 보고 알맞은 訓이나 音을 쓰세요.

11.

儀義議

_____ 의
옳을 의
의논할 _____

12.

裝獎將

_____ 장
_____ 장
장수 장

13.

積籍績

_____ 적
_____ 적
_____ 적

14.

波破派

물결 파
_____ _____
_____ 파

15.

低底

낮을 저
_____ _____

16.

織職

_____ _____
직분 직

17.

廳聽

_____ _____
들을 청

18.

抗航

겨룰 항
_____ 항

19.

除際

_____ 제
즈음 _____

20.

張帳

_____ 장
_____ 장

기출 및 예상문제 해답

제 1회 기출 및 예상 문제 (16p~18p)

❶ (1) 의타심　(2) 인덕　　(3) 의연　　(4) 이동
　 (5) 질의　　(6) 의리　　(7) 건의　　(8) 의식
　 (9) 이견　　(10) 정의　　(11) 이민　　(12) 인장
　 (13) 의제　　(14) 인허　　(15) 의심　　(16) 인정
　 (17) 의념　　(18) 이주　　(19) 의례　　(20) 특이
　 (21) 의무　　(22) 인도　　(23) 권익　　(24) 부인
　 (25) 인선　　(26) 의절

❷ (1) 도장 인　　(2) 옳을 의　　(3) 다를 이
　 (4) 거동 의　　(5) 끌 인　　　(6) 알 인
　 (7) 옮길 이　　(8) 더할 익　　(9) 의심할 의
　 (10) 의지할 의

❸ (1) 相異　　(2) 建議　　(3) 否認　　(4) 有益
　 (5) 引用　　(6) 依舊　　(7) 儀式　　(8) 疑心
　 (9) 印象　　(10) 義務

❹ (1) 認　(2) 義　(3) 益　(4) 異　(5) 引　(6) 儀

❺ (1) ②　(2) ③　(3) ④　(4) ①

❻ (1) 異　(2) 益　(3) 合　(4) 集

❼ (1) 大　(2) 論　(3) 髮　(4) 法

❽ (1) 義　(2) 異　(3) 益　(4) 仁

❾ (1) ④　(2) ①　(3) ③　(4) ②

❿ (1) 意思　(2) 正意　(3) 義心　(4) 人力
　 ※이외에도 여러 가지 답이 가능합니다.

⓫ (1) 사람으로서 지켜야 할 바른 도리
　 (2) 손해와 이익
　 (3) 국가 사회 또는 공공 단체 등에서 어떠
　　 한 행위나 물건에 대하여 공적으로 인정
　　 하는 것

⓬ (1) 医　(2) 倹　(3) 宝　(4) 広

★퍼즐로 한자를(20p)

依他心　　　君　　　　　　半
存　　　　　臣　　　　　　信
　　　　　　有　　　　　　半
　　④見利思義　　　⑤賢疑
　　　　　　⑥多
　　⑦我田引水　多
　　　　導　　　益⑧三友
　　　　　　　　善

제 2회 기출 및 예상 문제 (28p~30p)

❶ (1) 자격　　(2) 자형　　(3) 권장　　(4) 잔액
　 (5) 잡초　　(6) 자세　　(7) 잔도　　(8) 장학금
　 (9) 자매　　(10) 가장　　(11) 물자　　(12) 장렬
　 (13) 장래　　(14) 잡담　　(15) 건장　　(16) 자질
　 (17) 일기장　(18) 장비　　(19) 복장　　(20) 잔여
　 (21) 자본　　(22) 자색　　(23) 잔고　　(24) 무장
　 (25) 자원　　(26) 잔업　　(27) 장군　　(28) 단장

❷ (1) 장려할 장　　(2) 꾸밀 장　　(3) 재물 자
　 (4) 베풀 장　　　(5) 섞일 잡　　(6) 장할 장
　 (7) 장막 장　　　(8) 남을 잔　　(9) 장수 장
　 (10) 손위누이 자

❸ (1) 壯烈　　(2) 雜念　　(3) 主張　　(4) 健壯
　 (5) 老益壯　(6) 殘金　　(7) 殘業　　(8) 路資

❹ (1) 將　(2) 帳　(3) 資　(4) 腸　(5) 雜　(6) 姿

❺ (1) ①　(2) ③　(3) ②　(4) ④

❻ (1) 妹　(2) 益　(3) 卒, 兵　(4) 出

❼ (1) 連, 繼　(2) 告　(3) 擊　(4) 段

❽ (1) 殘　(2) 將　(3) 張　(4) 將

❾ (1) ①　(2) ④　(3) ②　(4) ④

❿ (1) 家長　(2) 旅裝　(3) 將事
　 ※이외에도 여러 가지 답이 가능합니다.

⓫ (1) 雜　　(2) 壯　　(3) 將　　(4) 裝

★퍼즐로 한자를(32p)

　　　老益壯　　張三李四
　　　元　　　　　　　面
⑤同族相殘　　　　　　楚
　　　金　　雜　　　　歌
　　⑧掘　　記
　　不　　日記帳
⑩出將入相　　　　⑪大
　　軍　　　⑫九折羊腸

제 3회 기출 및 예상 문제 (40p~42p)

❶ (1) 의술　　(2) 유람　　(3) 적당　　(4) 이상

❷ (5) 學識　(6) 品性　(7) 衣服　(8) 自身
　(9) 百姓　(10) 分身

❸ (1) 기저　(2) 대적　(3) 저속　(4) 적응력
　(5) 동전　(6) 도적　(7) 최저　(8) 업적
　(9) 저공　(10) 의적　(11) 유전　(12) 장벽
　(13) 적격　(14) 저온　(15) 본적　(16) 숙적
　(17) 전적　(18) 적임　(19) 저변　(20) 해저
　(21) 적군　(22) 본전　(23) 해적　(24) 전문가
　(25) 역적　(26) 전공

❹ (1) 오로지 전　(2) 길쌈 적　(3) 밑 저
　(4) 도둑 적　(5) 돈 전　(6) 대적할 적
　(7) 막을 장　(8) 쌓을 적　(9) 문서 적
　(10) 낮을 저

❺ (1) ④　(2) ③　(3) ②　(4) ①

❻ (1) 低　(2) 夕　(3) 苦　(4) 私

❼ (1) 賊　(2) 範　(3) 慮　(4) 別, 擇

❽ (1) 賊　(2) 敵　(3) 積　(4) 適

❾ (1) 禾　(2) 辶　(3) 竹　(4) 广

❿ (1) 低速　(2) 國賊　(3) 戰功　(4) 傳受
　※이외에도 여러 가지 답이 가능합니다.

⓫ (1) 奬　(2) 錢　(3) 殘　(4) 覚

★퍼즐로 한자를(44p)

積善
土　　　　　高
成　　　低速
山　　　　長
　　　　　短　　油
　　　　　　我田引水
仁者無敵　專攻
　　　國　門　　成
　　　　　家　　業績

제 4회 기출 및 예상 문제 (52p~54p)

❶ (1) 병정　(2) 굴절　(3) 운전　(4) 역전
　(5) 정숙　(6) 대접　(7) 절대　(8) 절반
　(9) 골절　(10) 정밀　(11) 전근　(12) 정렬
　(13) 절망　(14) 거절　(15) 조정　(16) 단절
　(17) 일정　(18) 여정　(19) 절묘　(20) 점령

　(21) 정물　(22) 정비　(23) 정선　(24) 결점
　(25) 점거　(26) 면접

❷ (1) 가지런할 정　(2) 한도/길 정
　(3) 정할 정　(4) 점령할/점칠 점
　(5) 점 점　(6) 정사 정
　(7) 꺾을 절　(8) 구를 전

❸ (1) 拒絕　(2) 靜肅　(3) 缺點　(4) 日程
　(5) 絕對　(6) 精誠　(7) 斷絕　(8) 整備
　(9) 折半　(10) 占領

❹ (1) 折　(2) 靜　(3) 程　(4) 占
　(5) 點　(6) 轉

❺ (1) ②　(2) ②　(3) ④　(4) ④

❻ (1) 靜　(2) 罰　(3) 易　(4) 危

❼ (1) 斷　(2) 誠　(3) 朴　(4) 目

❽ (1) 轉　(2) 丁　(3) 折　(4) 屈

❾ (1) ③　(2) ①　(3) ③　(4) ④

❿ (1) 力戰　(2) 公電　(3) 短折　(4) 正道
　※이외에도 여러 가지 답이 가능합니다.

⓫ (1) 転　(2) 点, 奌　(3) 党　(4) 静

★퍼즐로 한자를(56p)

　　　自　　九　　　動靜
心機一轉車　百折不屈　物
　　　　　　羊　　　　書
　　　　　　腸
　目不識丁　　　至誠感天
　遠　　　　　高
　千　　　　　至
　里　　　　　純

제 5회 기출 및 예상 문제 (64p~66p)

❶ (1) 제기　(2) 도래　(3) 절실　(4) 재조정

❷ (5) 經濟　(6) 成長　(7) 生計　(8) 傳來的
　(9) 果然　(10) 祝福　(11) 信奉　(12) 展望
　(13) 本能　(14) 利得

❸ (1) 조화　(2) 길조　(3) 제단　(4) 경제
　(5) 제도　(6) 제품　(7) 법제　(8) 제거

(9) 제조 (10) 제민 (11) 제왕 (12) 강제
(13) 백제 (14) 원조 (15) 조력 (16) 제정
(17) 제약 (18) 제외 (19) 제기 (20) 국제
(21) 제명 (22) 조급 (23) 조류 (24) 조형
(25) 제물 (26) 개조

❹ (1) 지을 조 (2) 지을 제 (3) 이를 조
(4) 제사 제 (5) 끌 제 (6) 덜 제
(7) 즈음/가 제 (8) 건널 제 (9) 절제할 제
(10) 임금 제 (11) 새 조 (12) 도울 조

❺ (1) ④ (2) ① (3) ③ (4) ③

❻ (1) 伏 (2) 外 (3) 續 (4) 守, 防

❼ (1) 造, 作 (2) 濟 (3) 體

❽ (1) 濟 (2) 鳥 (3) 濟 (4) 丁

❾ (1) ③ (2) ② (3) ① (4) ②

❿ (1) 済 (2) 軽 (3) 会 (4) 旧

★퍼즐로 한자를(68p)

①經	國	②濟	世		一	石	二	③鳥
		州		相				足
		道		扶				之
				相				血
造	船	所		助	長			天	④帝
物								國
主				早	失	父	母	主
				朝				義

(6) 周圍 (7) 從屬 (8) 自鳴鍾 (9) 勞組 (10) 印朱

❹ (1) 條 (2) 走 (3) 從 (4) 座
(5) 尊 (6) 潮

❺ (1) ① (2) ③ (3) ④ (4) ③

❻ (1) 亡 (2) 主 (3) 正 (4) 減

❼ (1) 在 (2) 重 (3) 席 (4) 停

❽ (1) 走 (2) 從 (3) 條 (4) 存

❾ (1) ① (2) ① (3) ③ (4) ②

❿ (1) 어떠한 일을 진행되게 하거나 성립되게
하기 위하여 갖추어야 하는 요소
(2) 한 문중에서 맏이로만 이어 온 큰집
(3) 남에게 굽히거나 아쉬운 소리를 하지 않고
자기의 위신이나 체면을 세우려는 마음
(4) 남의 명령이나 의사에 따르는 것

⓫ (1) 条 (2) 从 從

★퍼즐로 한자를(80p)

			信					
②金	科	玉	條		勞	動	組	合
								立
生				⑧類				
存	亡	之	秋	類				
				相		近	⑧朱	者	赤
		⑨白	衣	從	軍		子	
							學	

제 6회 기출 및 예상 문제 (76p~78p)

❶ (1) 조리 (2) 주변 (3) 조약 (4) 조류
(5) 좌석 (6) 존중 (7) 조건 (8) 존경
(9) 주위 (10) 노조 (11) 경주 (12) 조성
(13) 종로 (14) 강좌 (15) 신조 (16) 풍조
(17) 종교 (18) 만조 (19) 간조 (20) 존엄
(21) 보존 (22) 독주 (23) 존속 (24) 주종
(25) 주마 (26) 존재

❷ (1) 쇠북 종 (2) 짤 조 (3) 조수 조
(4) 자리 좌 (5) 높을 존 (6) 두루 주
(7) 좇을 종 (8) 가지 조

❸ (1) 保存 (2) 權座 (3) 服從 (4) 尊嚴 (5) 競走

제 7회 기출 및 예상 문제 (88p~90p)

❶ (1) 권위 (2) 변화 (3) 과제 (4) 봉사
❷ (5) 支配 (6) 制度 (7) 思想 (8) 公害
(9) 幸福 (10) 時急 (11) 技術 (12) 理念
❸ (1) 지향 (2) 주안 (3) 중지 (4) 보증
(5) 삼국지 (6) 주량 (7) 준용 (8) 증명
(9) 지참 (10) 음주 (11) 주류 (12) 증감
(13) 공중 (14) 죽간 (15) 증설 (16) 관중
(17) 증원 (18) 지점 (19) 기준 (20) 지략
(21) 평준 (22) 지성 (23) 의지 (24) 준칙
(25) 증세 (26) 군중

❹ (1) 지혜/슬기 지 (2) 가질 지

(3) 준할 준　　　　(4) 술 주
(5) 더할 증　　　　(6) 가리킬 지
(7) 지탱할 지　　　(8) 무리 중
❺ (1) 至　(2) 竹　(3) 支　(4) 衆　(5) 志
(6) 證
❻ (1) 減　(2) 支　(3) 他, 至
❼ (1) 加　(2) 極　(3) 志　(4) 衆
❽ (1) 竹　(2) 至　(3) 衆　(4) 至
❾ (1) ④　(2) ①　(3) ③　(4) ③
❿ (1) 더 없이 극진하다
(2) 술을 마시는 것
(3) 많은 사람의 의견
(4) 정해지거나 작정한 방향으로 나가는 것
⓫ (1) 証　　(2) 実　　(3) 準　　(4) 增

★퍼즐로 한자를(92p)

竹馬故友
工　　　　②公衆道德
藝　　　　　口難
品　　　③初志防　指
⑤至　　　⑥三國志一　鹿
高　　　　　貫　　　爲
⑤至誠感天　　　　　馬
純

제 8회 기출 및 예상 문제(102p~104p)

❶ (1) 창건　(2) 진리　(3) 감찰　(4) 처소
(5) 직업　(6) 차별　(7) 본지　(8) 통찰
(9) 차석　(10) 직무　(11) 지면　(12) 조직
(13) 직원　(14) 잡지　(15) 진영　(16) 채집
(17) 출진　(18) 진급　(19) 구직　(20) 진묘
(21) 순진　(22) 직물　(23) 진미　(24) 창립
(25) 책상　(26) 관찰
❷ (1) 캘 채　　(2) 직분 직　(3) 책 책
(4) 보배 진　(5) 참 진　　(6) 버금 차
(7) 나아갈 진　(8) 다할 진　(9) 기록할 지
(10) 다를 차　(11) 기릴 찬　(12) 살필 찰
(13) 곳 처　(14) 진칠 진　(15) 짤 직

(16) 비롯할 창
❸ (1) 極讚　(2) 職務　(3) 眞理　(4) 進路
(5) 盡力　(6) 將次　(7) 讚美　(8) 探集
(9) 善處　(10) 織物
❹ (1) 處　　(2) 職　　(3) 探　　(4) 珍
(5) 眞　　(6) 察　　(7) 次　　(8) 盡
❺ (1) 假, 僞　(2) 暗　(3) 臣　(4) 弟
❻ (1) 寶　(2) 次　(3) 讚　(4) 所
❼ (1) 盡　(2) 讚　(3) 珍　(4) 盡
❽ (1) ③　(2) ①　(3) ②　(4) ②
❾ (1) 地面, 紙面　(2) 進力　(3) 差等
※이외에도 여러 가지 답이 가능합니다.
❿ (1) 어떤 직장에 그 구성원으로서 근무하
는 사람
(2) 보배롭고 귀중하다
(3) 차이가 나는 등급
(4) 일정하게 자리를 잡고 살거나 한동안
묵는 것
⓫ (1) 処　　(2) 珎　　(3) 尽　　(4) 悪

★퍼즐로 한자를(106p)

①自畫自讚　　　　②氣
初　　　　　　苦盡甘來
至　　　陸　　　　脈
終　　⑥山海珍味　盡
空
軍
　　　　　　　　　　背
⑦明鏡止水
⑧一絲不亂　　　　　陣

♣모양이 비슷한 한자(123p~124p)

1. 거리, 거짓　　2. 간, 천　　3. 갑, 신, 유
4. 재, 성할, 정성 5. 관, 관　　6. 문서, 책
7. 전할, 전　　8. 겹칠, 복 9. 쏠, 사례할
10. 비, 슬플　　　　　11. 거동, 의
12. 꾸밀, 장려할　13. 쌓을, 문서, 길쌈
14. 깨트릴, 파, 갈래 15. 밑, 저　16. 짤, 직
17. 관청, 청　　　　18. 배　19. 덜, 제
20. 베풀, 장막

모의고사 해답

제 1회
모의 한자능력 검정시험

1. 단절
2. 이민
3. 저속
4. 백제
5. 조장
6. 규정
7. 제출
8. 증진
9. 지배
10. 근처
11. 관찰
12. 창안
13. 차석
14. 증원
15. 존경
16. 주자
17. 중론
18. 직무
19. 진실
20. 진로
21. 정권
22. 조산
23. 양면
24. 제정
25. 정도
26. 조선
27. 국제
28. 접경
29. 건의
30. 이식
31. 고장
32. 장래
33. 유전
34. 인정
35. 인장
36. 해 세
37. 살 활
38. 정사 정
39. 고를 조
40. 뿔 각
41. 급할 급
42. 생각 사
43. 수컷 웅
44. 평평할 평
45. 다를 타
46. 고을 군
47. 고을 읍
48. 진 액
49. 자리 석
50. 쇠 철
51. 호수 호
52. 창 창
53. 병 병
54. 짧을 단
55. 구분할 구
56. 집 원
57. 저녁 석
58. 分別
59. 注油
60. 體質
61. 孝道
62. 孫子
63. 所願
64. 英雄
65. 充分
66. 着席
67. 愛國
68. 必要
69. 親切
70. 集團
71. 每日
72. 念願
73. 晝夜
74. 重大
75. 法則
76. 昨今
77. 神話
78. 舊
79. 落
80. 後
81. 冬
82. 期
83. 功
84. 樂
85. 輕
86. 関
87. 宅, 屋
88. 體
89. 重
90. 馬
91. 友
92. 交
93. 石
94. 魚
95. 阝(阜)
96. 水
97. 水
98. 앞으로 나아갈 길
99. 본래 살던 집에서 다른 집으로 거처를 옮김
100. 인정하여 허가함

제 2회
모의 한자능력 검정시험

1. 찬사
2. 관찰
3. 의연
4. 인선
5. 재정
6. 엄정
7. 진심
8. 처벌
9. 벌채
10. 지성
11. 죽간
12. 제품
13. 의논
14. 자세
15. 과감
16. 안공
17. 감독
18. 유의
19. 방치
20. 잡초
21. 건장
22. 장비
23. 의문
24. 분책
25. 정밀
26. 단장
27. 조건
28. 적절
29. 성적
30. 전수
31. 막을 장
32. 곳 처
33. 새 조
34. 우편 우
35. 방 방
36. 대 죽
37. 건널 제
38. 완전할 완
39. 오로지 전
40. 세금 세
41. 무리 당
42. 진칠 진
43. 부를 창
44. 마실 음
45. 서로 상
46. 이로울 리
47. 고기잡을 어
48. 흩을 산
49. 받들 봉
50. 얼음 빙
51. 동산 원

52. 고무래/장정 정
53. 붉을 주
54. 비평할 비
55. 그늘 음
56. 操心
57. 現在
58. 停電
59. 旅行
60. 祝福
61. 話術
62. 食事
63. 災害
64. 海洋
65. 戰時
66. 卒業
67. 對比
68. 靑春
69. 問題
70. 鼻音
71. 責任
72. 農村
73. 學習
74. 出典
75. ②
76. ⑦
77. ⑩
78. **発**
79. **対**
80. **戰**
81. 확실히 알 수 없어서 믿지 못하는 마음
82. 권하여 장려함
83. 가르침을 받은 은혜로운 스승
84. 服
85. 獨
86. 直
87. 來
88. 凶

89. 孫
90. 田
91. 卜
92. 走
93. 特筆
94. 目不
95. 老少
96. 見物
97. 落花
98. 原因
99. 童話
100. 傳聞

제 3회
모의 한자능력 검정시험
1. 존엄
2. 종속
3. 경주
4. 조약
5. 금주
6. 검증
7. 기준
8. 지향
9. 조직
10. 창제
11. 별책
12. 특채
13. 의의
14. 인식
15. 잔도
16. 가장
17. 저하
18. 전원
19. 선각
20. 간과
21. 경비
22. 장관
23. 결단

24. 관람
25. 비명
26. 체제
27. 규범
28. 자본
29. 다양
30. 거역
31. 거동 의
32. 도장 인
33. 재물 자
34. 장막 장
35. 가지런할 정
36. 구를 전
37. 더할 증
38. 창 창
39. 채울 충
40. 고를 균
41. 가벼울 경
42. 물건 물
43. 무리 류
44. 탈 연
45. 심을 식
46. 점 점
47. 순수할 순
48. 힘쓸 면
49. 갚을/알릴 보
50. 홀로 독
51. 문서 권
52. 이를 조
53. 實在
54. 失業
55. 名士
56. 道路
57. 選擧
58. 原始
59. 食水
60. 放心
61. 名分
62. 漁村
63. 見物生心

64. 東問西答
65. 바꿀
66. 이
67. 地球村
68. 表現
69. 分野
70. 急速
71. 市場
72. 見利
73. 相規
74. 自初
75. 東風
76. 金科
77. 高
78. 近
79. 弱
80. 少
81. 利
82. 歲
83. 高
84. 溫
85. 住
86. 語
87. 交通
88. 事實
89. 能力
90. 尸
91. 口
92. 人
93. **尽**
94. **価**
95. **礼**
96. 國
97. 無
98. ③
99. ⑥
100. ⑧

※4급 4급Ⅱ ④과정을 마친 다음에
　모의고사 답을 이 곳에 기재하세요.

수험번호 □□□-□□-□□□□　　성명 □□□□□
생년월일 □□□□□□　　※주민등록번호 앞 6자리 숫자를 기입하십시오.　※성명을 한글로 작성.
　　　　　　　　　　　　　　　　　　　　　　　　　　　　※필기구는 검정색 볼펜만 가능

※ 답안지는 컴퓨터로 처리되므로 구기거나 더럽히지 마시고, 정답 칸 안에만 쓰십시오.
　글씨가 채점란으로 들어오면 오답처리가 됩니다.

제 1회 전국한자능력검정시험 4급Ⅱ 답안지(1) (시험시간: 50분)

번호	정답	1검	2검	번호	정답	1검	2검	번호	정답	1검	2검
1				17				33			
2				18				34			
3				19				35			
4				20				36			
5				21				37			
6				22				38			
7				23				39			
8				24				40			
9				25				41			
10				26				42			
11				27				43			
12				28				44			
13				29				45			
14				30				46			
15				31				47			
16				32				48			

감독위원	채점위원(1)		채점위원(2)		채점위원(3)	
(서명)	(득점)	(서명)	(득점)	(서명)	(득점)	(서명)

제 1회 전국한자능력검정시험 4급 Ⅱ 답안지(2)

번호	정 답	1검	2검	번호	정 답	1검	2검	번호	정 답	1검	2검
49				67				85			
50				68				86			
51				69				87			
52				70				88			
53				71				89			
54				72				90			
55				73				91			
56				74				92			
57				75				93			
58				76				94			
59				77				95			
60				78				96			
61				79				97			
62				80				98			
63				81				99			
64				82				100			
65				83							
66				84							

수험번호 □□□-□□-□□□□ 　　성명 □□□□□

생년월일 □□□□□□ 　※주민등록번호 앞 6자리 숫자를 기입하십시오. 　※성명을 한글로 작성.
　　　　　　　　　　　　　　　　　　　　　　　　　　　　　　※필기구는 검정색 볼펜만 가능

※ 답안지는 컴퓨터로 처리되므로 구기거나 더럽히지 마시고, 정답 칸 안에만 쓰십시오.
　글씨가 채점란으로 들어오면 오답처리가 됩니다.

제 2회 전국한자능력검정시험 4급 답안지(1) (시험시간: 50분)

번호	정답	1검	2검	번호	정답	1검	2검	번호	정답	1검	2검
1				17				33			
2				18				34			
3				19				35			
4				20				36			
5				21				37			
6				22				38			
7				23				39			
8				24				40			
9				25				41			
10				26				42			
11				27				43			
12				28				44			
13				29				45			
14				30				46			
15				31				47			
16				32				48			

감독위원	채점위원(1)		채점위원(2)		채점위원(3)	
(서명)	(득점)	(서명)	(득점)	(서명)	(득점)	(서명)

※ 답안지는 컴퓨터로 처리되므로 구기거나 더럽히지 마시고, 정답 칸 안에만 쓰십시오. 글씨가 채점란으로 들어오면 오답처리가 됩니다.

제 2회 전국한자능력검정시험 4급 답안지(2)

번호	정 답	1검	2검	번호	정 답	1검	2검	번호	정 답	1검	2검
49				67				85			
50				68				86			
51				69				87			
52				70				88			
53				71				89			
54				72				90			
55				73				91			
56				74				92			
57				75				93			
58				76				94			
59				77				95			
60				78				96			
61				79				97			
62				80				98			
63				81				99			
64				82				100			
65				83							
66				84							

답안란 · 채점란

※4급 4급Ⅱ ④과정을 마친 다음에
　모의고사 답을 이 곳에 기재하세요.

수험번호 □□□-□□-□□□□　　성명 □□□□□
생년월일 □□□□□□　　※주민등록번호 앞 6자리 숫자를 기입하십시오.　※성명을 한글로 작성.
　　　　　　　　　　　　　　　　　　　　　　　　　　　※필기구는 검정색 볼펜만 가능

※ 답안지는 컴퓨터로 처리되므로 구기거나 더럽히지 마시고, 정답 칸 안에만 쓰십시오.
　글씨가 채점란으로 들어오면 오답처리가 됩니다.

제 3회 전국한자능력검정시험 4급 답안지(1) (시험시간: 50분)

번호	정답	1검	2검	번호	정답	1검	2검	번호	정답	1검	2검
1				17				33			
2				18				34			
3				19				35			
4				20				36			
5				21				37			
6				22				38			
7				23				39			
8				24				40			
9				25				41			
10				26				42			
11				27				43			
12				28				44			
13				29				45			
14				30				46			
15				31				47			
16				32				48			

감독위원　채점위원(1)　채점위원(2)　채점위원(3)
(서명)　(득점)(서명)　(득점)(서명)　(득점)(서명)

※ 답안지는 컴퓨터로 처리되므로 구기거나 더럽히지 마시고, 정답 칸 안에만 쓰십시오. 글씨가 채점란으로 들어오면 오답처리가 됩니다.

제 3회 전국한자능력검정시험 4급 답안지(2)

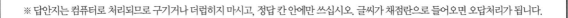

번호	정답	1검	2검	번호	정답	1검	2검	번호	정답	1검	2검
49				67				85			
50				68				86			
51				69				87			
52				70				88			
53				71				89			
54				72				90			
55				73				91			
56				74				92			
57				75				93			
58				76				94			
59				77				95			
60				78				96			
61				79				97			
62				80				98			
63				81				99			
64				82				100			
65				83							
66				84							